DIE FRAGEMAUER

Die Deutsche Nationalbibliothek verzeichnet diese Publikation in der Deutschen Nationalbibliografie; detaillierte Daten sind im Internet über https://portal.dnb.de/ abrufbar.

Inh. Dr. Nora Pester
Capa-Haus
Jahnallee 61
04177 Leipzig
info@hentrichhentrich.de
www.hentrichhentrich.de

Lektorat: Malte Gerken
Umschlag: Gudrun Hommers
Gestaltung: Michaela Weber

1. Auflage 2024

Printed in the E.U.
ISBN 978-3-95565-659-1

DIE FRAGEMAUER –

100 ANTWORTEN ZU JÜDISCHEM LEBEN UND ISRAEL

Herausgegeben von Carsten Ovens
im Auftrag des
European Leadership Network (ELNET) –
ELNET Deutschland e.V.

HENTRICH & HENTRICH

INHALT

EINLEITUNG

„Seid ihr die Volksfront von Judäa?"

Nein, und auch nicht Monty Python.

Dies war die Frage 101, die unser Team im Herbst 2023 über die Webseite *fragemauer.de* erreichte. Anders als im Film *Das Leben des Brian* von der genannten britischen Komikergruppe geht es in diesem Buch nicht um Satire. Doch es geht auch hier um Religion und Politik. Es geht um das Judentum, um die jüdische Religion und jüdische Traditionen. Und es geht um Israel.

Seit über 1.700 Jahren gibt es jüdisches Leben auf dem Gebiet des heutigen Deutschlands. Jüdinnen und Juden leisten seitdem auch einen Beitrag zu unserer Gesellschaft. Und dennoch gibt es tatsächlich ebenso lange auch Antisemitismus.

Als die Idee für die Kampagne *Fragemauer* entstand, war nicht bis ins Detail absehbar, wie sich das Projekt entwickeln würde – und welche stark steigende Bedeutung dieses Engagement gegen Antisemitismus bekommen sollte. Das Bundeskriminalamt verzeichnete für das Jahr 2022 eine ohnehin erschreckende Zahl von 2.641 Straftaten mit antisemitischem Hintergrund. Seit dem Terrorangriff der Hamas auf Israel am 7. Oktober 2023 und dem daraus resultierenden Krieg beobachten wir wieder einmal einen aufflammenden Antisemitismus, der offen und schonungslos auch auf deutschen Straßen auftritt. Ohnehin gilt israelbezogener Antisemitismus längst als wirkmächtigste Form von Judenhass, die sich auch auf jüdisches Leben in Deutschland überträgt.

Der 7. Oktober und seine Folgen führen uns allen wieder einmal vor Augen, wie wichtig ein breites Engagement gegen Judenhass ist. Dies war bereits unser Anliegen, als die Idee der Fragemauer 2022 konkret Gestalt annahm und blieb es, als wir im Sommer 2023 diese bundesweite Bildungs- und Dialogkampagne gegen Antisemitismus starteten: 2.641 Fragen und Antworten gegen Hass, Diskriminierung und Unwissen.

Die Fragemauer hat das Ziel, humorvoll über jüdisches Leben und den Staat Israel zu informieren. Das Projekt richtet sich dabei an die ganze Gesellschaft. Die Initiative startete mit 20 Motiven und einem Spot für Kino und Social Media, um vorhandenen Vorurteilen sowie Hass und Hetze gegenüber Juden und jüdischem Leben ausdrucksstark entgegenzutreten. Auf der Kampagnen-Webseite können seitdem niedrigschwellig und anonym Fragen gestellt werden, die von unserem erfahrenen Team beantwortet und anschließend auf derselben veröffentlicht werden. So sind bis Frühjahr 2024 bereits über rund 1.000 Fragen zusammengekommen.

„Beantwortet Fragemauer.de auch wichtige und schwierige Fragen zum Judentum oder nur skurrile und belanglose wie die Beispiele auf der Webseite?" – Frage 512 hätte man vielleicht auch etwas netter einreichen können, aber wir nehmen es mit Humor. Schließlich ist auch die ganze Kampagne humorvoll ausgelegt. Die Antwort ist einfach: „Ja, machen wir."

Kein Engagement funktioniert ohne Kritik. So ging beispielsweise folgende Rückmeldung bei uns ein (Frage 555): „Ich habe bereits gefragt, aber bis heute keine Antwort bekommen. Wo ist der Fehler?" – Auch dies lässt sich einfach beantworten: Tatsächlich kamen nach dem 7. Oktober 2023 deutlich mehr Fragen über die Webseite, sodass wir eine Zeit lang nicht mehr ganz so schnell mit dem Beantworten hinterherkamen, wie wir es uns gewünscht hätten. Denn jede Antwort soll fundiert und gründlich recherchiert werden, bevor sie auf der Webseite veröffentlicht wird.

Beim Einreichen von Fragen verzichten wir auf persönliche Daten wie Namen oder E-Mail-Adressen. Damit möchten wir die Teilnahme so niedrigschwellig wie möglich gestalten. Dies hat allerdings zur Folge, dass die Antworten nicht personalisiert per Mail an den Fragesteller gesandt werden, sondern nach einer Weile öffentlich auf der Fragemauer erscheinen. So sind sie auch für alle Besucherinnen und Besucher unser Kampagnenseite einsehbar. Schließlich wiederholen sich manche Fragen. Wir prüfen alle Einsendungen, ob sie nicht doch eine neue Perspektive darstellen, die eine andere Antwort erfordern und ermöglichen würde. Ist dies der Fall, kommen Frage und Antwort auf die Webseite. Ansonsten hoffen wir, dass sich alle Gäste dort auch ein wenig umschauen und selbst nach den richtigen Antworten suchen. Auch davon lebt diese Initiative.

Sie halten die Fragemauer nun als Buchversion in den Händen: „100 Antworten zu jüdischem Leben und Israel“. Es ist eine Auswahl aus den 20 ursprünglichen Motiven der Kampagne sowie 80 über die Webseite eingereichten Fragen – vielleicht ist ja auch eine Frage von Ihnen dabei. Sicherlich sind nicht alle Einreichungen so humorvoll, wie es die Fragemauer insgesamt sein soll. Dies gilt ebenso wenig für unsere Antworten, die vor allem Fakten präsentieren und leider auch eine bisweilen bittere Realität darstellen.

Dieses Buch soll informieren und inspirieren. Für Ihr Interesse möchte ich mich bereits jetzt herzlich bedanken. Es ist der erste Schritt. Sprechen Sie doch auch mit Ihrer Familie, Ihren Freunden sowie Kolleginnen und Kollegen darüber.

Carsten Ovens
Berlin, im Mai 2024

ERLÄUTERUNGEN ZUR FRAGEMAUER

→ **Warum 2.641 Fragen?**
Die Fragemauer wurde 2022 ins Leben gerufen. Unser Ziel ist es, den 2.641 judenfeindlichen Straftaten im Jahr 2022 mit 2.641 Fragen und Antworten zu begegnen.

→ **Werden alle Fragen beantwortet?**
Die 20 Fragen zum Start der Kampagne im Sommer 2023 hatten alle schon eine Antwort. Wir arbeiten seitdem daran, nach und nach alle Fragen zu beantworten, die uns über die Kampagnenseite erreichen.

→ **Werden alle gestellten Fragen veröffentlicht?**
Nein. Alle Fragen werden zunächst geprüft. Sind Fragen antisemitisch oder in einer anderen Form diskriminierend, werden sie nicht veröffentlicht.

Bei der Beantwortung von Fragen sind wir immer wieder in Situationen geraten, in denen wir Antisemitismus anhand von Beispielen erläutern. So haben wir Antisemitismen für Lernmomente reproduziert (unter anderem bei den Fragen 105, 561, 777). Antisemitismen werden im Alltag, auch unbeabsichtigt, von vielen Menschen verbreitet. Dies zeigt die tiefe Verankerung antisemitischen Gedankenguts in der deutschen Sprache und Kultur.

→ **Welche Fragen landen im Antisemitismus-Kapitel?**
Hier landen alle Fragen und Antworten, die einen entsprechenden thematischen Bezug haben. Antisemitismusbekämpfung war uns als Überschrift begrifflich zu sperrig. Außerdem betreiben wir Antisemitismusbekämpfung nicht nur in diesem Kapitel.

→ **Was passiert, wenn mehr als 2.641 Fragen gestellt werden?**
Jede Frage ist ein wichtiger Schritt hin zu mehr Wissen über jüdisches Leben und Israel. Deshalb freuen wir uns, wenn wir mehr Fragen sammeln und beantworten können.

→ **Gendern oder nicht gendern, das war auch 'ne Frage.**
Wir finden, dass gendergerechte Sprache wichtig ist. Trotzdem haben wir uns bei dieser Kampagne dagegen entschieden. Warum? Weil für uns die Plakativität der Botschaften noch ein bisschen wichtiger war. Darum sagen wir zum Beispiel „Judenhass“ statt „Jüd*innenhass“. Und dabei hoffen wir, dass wir eines Tages gar nicht mehr darüber sprechen müssen.

→ **So halten wir es mit der Zeitrechnung.**
Im Judentum wird die Bezeichnung vor/nach Christus vermieden. Üblich ist stattdessen, „vor der Zeitrechnung“ (v. d. Z.) und „nach der Zeitrechnung“ (n. d. Z.) zu verwenden. So halten wir es auch an der Fragemauer. Im jüdischen Kalender schreiben wir übrigens bereits das Jahr 5784. Das neue jüdische Kalenderjahr beginnt mit dem jüdischen Neujahrsfest Rosch ha-Schana. Der Feiertag fällt 2024 auf den 3./4. Oktober.

100 FRAGEN UND ANTWORTEN

JÜDISCHES LEBEN

FRAGE 39: WIE VIELE JUDEN LEBEN AUF DER WELT?

Weltweit gibt es über 15 Millionen Juden.

Juden leben nicht nur in Israel, sondern überall auf der Welt. Da die jüdische Bevölkerung weltweit nicht zentral erfasst wird, ist es schwierig, eine konkrete Gesamtzahl aller Juden festzuhalten. Auch gibt es unterschiedliche Definitionen darüber, wer überhaupt als jüdisch gilt und in die Statistik mit aufgenommen werden sollte. Einigen Schätzungen zufolge leben auf der Welt etwa 15,3 Millionen Juden (Stand 2022). Die größten jüdischen Gemeinden befinden sich in Israel und den Vereinigten Staaten, wo jeweils über 45 Prozent aller Juden weltweit leben. Weitere große Gemeinden gibt es zudem in Frankreich, Kanada und Großbritannien.

Bei einer Weltbevölkerung von mehr als acht Milliarden Menschen sind Juden mit weitaus weniger als 1 Prozent (genauer gesagt 0,19 Prozent) in der Weltgemeinschaft vertreten.[1] [2] [3]

FRAGE 10: IST DER BAGEL EINE JÜDISCHE ERFINDUNG?

Ja, der Kringel kommt ursprünglich von Juden aus Osteuropa.

Es existieren zwar verschiedene Theorien über die Herkunft dieses Gebäcks. Sicher ist jedoch, dass der Bagel seinen Ursprung in Europa hat. Genauer gesagt soll er aus Krakau stammen und wurde dort im Mittelalter erfunden – wahrscheinlich im jüdischen Viertel Kazimierz. Dennoch wird das runde Gebäck aus Hefeteig mit einem Loch in der Mitte heutzutage hauptsächlich den USA zugeschrieben.

Der Bagel hat eine sehr besondere Zubereitungsart. Er wird vor dem Backen einmal kurz in kochendes Wasser gelegt und quasi „abgekocht“. Dieser Schritt sorgt für die beliebte knackige Kruste und, so besagt eine Legende, machte es möglich, dass das Gebäck auch nach dem jüdischen Speisegesetz verzehrt werden durfte. Dieses sah das Händewaschen vor dem Brotgenuss vor, was jedoch gerade auf langen Reisen oft ein Problem darstellte. Durch das vorherige „abkochen“ verlor der Bagel seinen Zustand als Brot und konnte ohne vorheriges Händewaschen konsumiert werden.

Erst im 20. Jahrhundert brachten jüdische Einwanderer den Bagel in die USA und nach Kanada, wo er sich schnell zu einem beliebten Snack entwickelte, der heutzutage überall auf der Welt bekannt ist.[4]

FRAGE 337: WAS IST CHUZPE UND WO BEKOMMT MAN DAS?

Chuzpe beschreibt eine Mischung aus Dreistigkeit, Unverfrorenheit und Selbstbewusstsein. Man kann Chuzpe nicht kaufen, sich aber sicherlich zu einem gewissen Grad antrainieren.

Wer Chuzpe hat, zeichnet sich oft durch die Fähigkeit aus, sich auch in herausfordernden Situationen durchzusetzen, ohne sich dabei von gesellschaftlichen Normen oder Erwartungen beeinflussen zu lassen. Im Positiven kann Chuzpe als selbstbewusstes Auftreten betrachtet werden oder auch als Fähigkeit, unkonventionelle Lösungen zu finden. So wird die israelische Innovationskraft oft auch auf die Chuzpe der Gründerinnen und Gründer zurückgeführt. Im Negativen kann sie als unangemessenes Verhalten oder als Mangel an Respekt empfunden werden.

Der Begriff hat als Chuzpa aus dem Aramäischen Einzug ins moderne Hebräisch gefunden. Durch das Jiddische ist er als Chuzpe auch fester Bestandteil der deutschen Sprache.[5] [6] [7] (→ Frage 56, Seite 91)

FRAGE 740: SPIELEN JUDEN POKER?

Ja, es gibt Juden, die Poker spielen. Grundsätzlich sind Glücksspiele im religiösen Judentum aber ein umstrittenes Thema.

Tendenziell sind liberalere Strömungen offener gegenüber Glücksspiel als konservative und orthodoxe Strömungen. Da das säkulare Judentum eher nicht an den jüdisch-religiösen Vorschriften festhält, ist es wahrscheinlicher, auf Pokerspieler aus dieser Gemeinschaft zu treffen. (→ Frage 184, Seite 60)

Manche Rabbiner vertreten die Einstellung, dass ein Geldgewinn beim Glücksspiel wie ein Diebstahl sei, weil der Gewinner Geld erhält, dass ihm nicht gehört. Aus dem gleichen Grund sehen einige Rabbiner Wetten als verboten an und folgern, dass der Gewinner moralisch gesehen eigentlich ein Verlierer ist. Glücksspiel kann schließlich süchtig machen und ist finanziell riskant. Damit hat es keinen bleibenden Wert für die Gemeinschaft.

Anderen Rabbinern zufolge sind Glückspiele jedoch erlaubt. Es kommt also auf die spezifische Auslegung durch den Rabbiner einer Gemeinde an, ob sich ein Pokerspiel mit der Religion vereinbaren lässt.[8] [9]

FRAGE 766: SEIT WANN GIBT ES JUDEN IN DEUTSCHLAND?

Jüdische Gemeinschaften gibt es seit mindestens 1.700 Jahren auf dem Gebiet des heutigen Deutschlands.

Die genauen Ursprünge der jüdischen Gemeinschaften sind dabei schwer zu datieren. Die älteste erhaltene Urkunde, die sich auf Juden auf dem Gebiet des heutigen Deutschlands bezieht, stammt aus dem Jahr 321 n. d. Z. Es handelt sich um einen Erlass des römischen Kaisers Konstantin, der die rechtliche Situation von Juden im Römischen Reich regelte. Explizit erwähnt wird in diesem Erlass die Jüdische Gemeinde Köln, die dadurch die nachweislich älteste jüdische Gemeinschaft auf dem Gebiet des heutigen Deutschlands sowie des Europas nördlich der Alpen ist. In Österreich findet sich in der Raffelstettener Zollordnung Anfang des 10. Jahrhunderts erstmals eine amtliche Erwähnung jüdischen Lebens.

In schriftlichen Quellen gibt es weitere Erwähnungen von jüdischem Leben im Mittelalter im Heiligen Römischen Reich auf Gebieten des heutigen Deutschlands und Österreichs. Schon damals waren Juden Diskriminierung und Verfolgung ausgesetzt.

Bezugnehmend auf den Erlass des römischen Kaisers Konstantin 321 n. d. Z. initiierte der Verein „321–2021: 1.700 Jahre Jüdisches Leben in Deutschland“ 2021 ein Festjahr, um jüdisches Leben seit nachweislich 1.700 Jahren auf dem Gebiet des heutigen Deutschlands zu feiern. Dies wurde innerhalb der jüdischen Community nicht nur positiv aufgenommen. Ein Kritikpunkt war, dass das Festjahr eine historische Kontinuität suggeriere, die allein angesichts der Schoa, dem größten Verbrechen der Geschichte, nicht suggeriert werden sollte.[10] [11] [12] [13]

FRAGE 2: KANN MAN JÜDISCH UND ARABISCH SEIN?

Ja, es gibt auch Juden, die aus arabischen Ländern stammen.

Man unterscheidet hier jedoch zwischen dem ethnologischen, religiösen und kulturellen Jüdischsein. Viele Juden haben jahrhundertelang überall im arabischen Raum gelebt und meist friedlich mit ihren muslimischen Nachbarn koexistiert, etwa im Jemen oder im Irak. Sie verstanden sich oft als arabische Juden, also religiös und ethnologisch als Juden, kulturell als Araber.

Während vor der Staatsgründung Israels fast 900.000 Juden in arabischen Ländern lebten, sind es heute nur noch wenige Tausend. Viele arabische Juden mussten vor Vertreibungen und Gewalt fliehen, die nach der Gründung Israels und den anschließenden Kriegen zwischen Israel und seinen Nachbarstaaten aufkamen und an Intensität zunahmen. Darüber hinaus entfaltete der junge israelische Staat in nicht unerheblichem Maße auch eine Anziehung für Juden aus aller Welt, so auch in den Ländern der Region. In den Jahren unmittelbar nach der israelischen Staatsgründung zogen rund 260.000 arabische Juden nach Israel, insbesondere aus Marokko, dem Irak, dem Jemen und Libyen. Aufgrund dieser Migrationsbewegungen haben heute viele Juden in Israel arabische Wurzeln.[14]

FRAGE 135: DARF MAN ALS NICHTJUDE ÜBER JÜDISCHEN HUMOR LACHEN?

Ja, dabei ist es allerdings sehr wichtig, zwischen jüdischem Humor und sogenannten Judenwitzen zu unterscheiden.

Jüdischer Humor ist stark mit der jüdischen Kultur und Geschichte verbunden. Er greift oft einfache Alltagssituationen auf. Meist zielt er darauf ab, schwierigen Lebenssituationen etwas Leichtigkeit zu verleihen und somit einen Moment von Gemeinschaft zu stiften. Jüdische Witze kommentieren auch häufig soziale oder politische Themen. Obwohl die Witze dadurch sehr themenspezifisch sind, können sie von Menschen mit verschiedenen religiösen und kulturellen Hintergründen verstanden werden. Alle sind dazu eingeladen, herzlich zu lachen, wenn so ein jüdischer Witz erzählt wird.

„Judenwitze“ dagegen zielen meist darauf ab, zu erniedrigen. Sie werden oft von Nichtjuden erzählt und verspotten Juden sowie jüdische Kultur und Geschichte. Dies kann sehr beleidigend und schmerzhaft sein – oft auch, weil solche Witze über Juden antisemitische Stereotype aufgreifen und reproduzieren. Humor ist subjektiv, aber bei der Verwendung von Antisemitismen ist auch beim Humor eine Grenze erreicht, die nicht überschritten werden darf.[15] [16] [17] (→ Frage 105, Seite 114)

„Wer nicht fragt bleibt dumm' – die Zeile aus dem Titellied der Sesamstraße kennen wir alle, doch eigentlich fragen wir viel zu selten. Nur wenn wir Fragen stellen, bekommen wir Antworten, erweitern wir unseren Horizont und lernen die Welt um uns herum besser kennen. Daher ist das Projekt der Fragemauer so wertvoll."

SABINE LEUTHEUSSER-SCHNARRENBERGER,

Antisemitismusbeauftragte des Landes Nordrhein-Westfalen

FRAGE 633: IST SCHLAMASSEL EIN JÜDISCHES WORT?

Ja, der Ausdruck hat seine Wurzeln im Jiddischen. Er beschreibt, dass etwas nicht nach Plan läuft.

„Schlimasel" bedeutet auf Jiddisch „Unglück". Es ist eine Kombination aus „schlimm" und „masel" (dt. Glück, leitet sich vom hebr. „mazal" ab). Auf Deutsch und umgangssprachlich wurde daraus „Schlamassel", in dem man, wie im Schlamm, stecken bleiben kann.

Die Spuren der jiddischen Sprache sind im Deutschen sehr präsent. Jiddisch wurde vor allem von den Juden Mittel- und Osteuropas gesprochen. Diese Kultur wurde in der Khurbn (jidd. für Zerstörung, bezeichnet die Schoah) von den Nationalsozialisten fast vollständig ausgelöscht. Heute ist Jiddisch Verkehrssprache vieler ultraorthodoxer Juden. Außerdem interessieren sich immer mehr säkulare Juden wieder für diese Sprache.[18] [19] [20] (→ Frage 243, Seite 102)

FRAGE 677: WIE STEHEN JUDEN DEM THEMA KÜNSTLICHE BEFRUCHTUNG GEGENÜBER?

Überwiegend aufgeschlossen.

Kinder spielen im Judentum eine zentrale Rolle. Gerade wenn Paare auf natürlichem Weg keine Kinder bekommen können, stufen viele Rabbiner die künstliche Befruchtung religionsrechtlich als legitime Option ein. Diese Einschätzung beruht auf dem jüdischen Verständnis, dass menschliches Leben erst im Mutterleib beginnt und selbst dort erst nach 40 Tagen eine Seele erhält.

In Israel haben Forscher gar schon einmal ein embryonenartiges Wesen aus Stammzellen, ganz ohne Sperma, Eizelle oder Gebärmutter, gezüchtet.[21] [22] [23]

FRAGE 651: WIESO LEBEN SO VIELE ISRAELIS IN BERLIN?

Berlin hat einfach viel zu bieten.

Dazu zählen zum Beispiel berufliche und private Selbstverwirklichung, eine mit Tel Aviv vergleichbare Freizügigkeit, die Möglichkeit zur Auseinandersetzung mit der eigenen Identität und Geschichte, niedrigere Lebenshaltungskosten als in Israel sowie eine eng vernetzte Expat-Community. In der Tat unterscheiden sich die Gründe, bis auf die vergangenheitsbezogenen, kaum von denen anderer Einwanderer.

Laut Medienberichten leben allein in Berlin heute zwischen 10.000 und 30.000 Israelis. Die Zahlen schwanken so deutlich, da viele israelische Staatsbürger durch ihre europäischen Wurzeln auch einen EU-Pass haben und damit keinen Aufenthaltstitel benötigen.

Das durch die Schoah geprägte deutsch-jüdische Verhältnis und die daraus resultierende besondere Beziehung zwischen Deutschland und Israel macht die israelische Immigration nach Berlin allerdings zu einer ganz besonderen Geschichte.[24] [25]

FRAGE 602: MACHEN JUDEN FKK?

Einige Juden machen FKK. Der Umgang verschiedener Strömungen im Judentum mit dem Thema ist aber sehr unterschiedlich.

Im liberalen und vor allem säkularen Judentum gibt es bezüglich freizügigem Baden keine allgemeinen Regeln. Dabei kommt es – wie bei allen Menschen – vor allem darauf an, wie wohl sich der Einzelne persönlich mit FKK fühlt.

Im orthodoxen Judentum lautet die allgemeine Regel, dass man nur dann nackt sein darf, wenn es nötig ist, wie zum Beispiel beim Duschen. Viele orthodoxe Jüdinnen tragen zur Einhaltung der religiösen Sittsamkeitsvorschrift (hebr. Zniut) deshalb beim Baden in der Öffentlichkeit keusche Bademode, die dem muslimischen Burkini ähnelt.[26] [27]

FRAGE 49: WARUM GIBT ES KEINE CHANUKKA-SONGS WIE LAST CHRISTMAS ODER JINGLE BELLS?

Es gibt Chanukka-Songs. Sie sind aber weniger bekannt als viele Weihnachtssongs.

Chanukka wird insgesamt von viel weniger Menschen gefeiert als Weihnachten. Deshalb gibt es nicht nur weniger Chanukka-Songs, sondern sie sind auch deutlich seltener im Radio zu hören.

Einer der bekanntesten stammt vom Schauspieler Adam Sandler und heißt schlicht „The Chanukah Song“. Auch andere berühmte Künstler haben Chanukka-Songs geschrieben, darunter Too $hort und Woody Guthrie.

Es gibt viel zu entdecken. Erste Einblicke bietet die Playlist hinter dem QR-Code.[28][29] (→ Frage 16, Seite 58)

FRAGE 64: LEBEN JUDEN IN DEUTSCHLAND ABGEGRENZT?

Nein, Juden leben nicht abgegrenzt. Im Gegenteil, sind Teil der Gesellschaft und nehmen rege am gesellschaftlichen Leben teil. Aufgrund von wachsenden antisemitischen Vorfällen sind jedoch immer häufiger Maßnahmen zum Schutz jüdischer Einrichtungen notwendig.

Heute gibt es deutlich weniger Juden als Christen und Muslime in Deutschland, was auch an der Anzahl der im Straßenbild sichtbaren Gotteshäuser messbar ist. Zudem sind Juden nur als solche erkennbar, wenn sie sich traditionell kleiden oder etwa eine Kippa tragen. Die Mehrheit tut dies im Alltag nicht. Entsprechend werden Juden in der Öffentlichkeit fast nie als solche wahrgenommen. Hierdurch auf ein abgegrenztes Leben von deutschen Juden zu schließen ist voreilig und falsch.

Jüdische Einrichtungen wie Schulen, Kitas und Gemeindezentren bieten die Möglichkeit, Menschen mit entsprechendem kulturellem und religiösem Hintergrund zu treffen und jüdische Traditionen gemeinsam zu leben. Um die Sicherheit von jüdischen Gemeinschaftseinrichtungen in Deutschland zu gewährleisten, müssen leider stets besondere Maßnahmen getroffen werden. So stehen viele jüdische Einrichtungen unter ständigem Polizeischutz mit Personenkontrollen. Die Gemeinden haben sich diesen Schutz nicht ausgesucht. Aufgrund von Drohungen und Anschlägen in der Vergangenheit sind diese Maßnahmen für die Sicherheit der Menschen leider notwendig. Eine „Abgrenzung" jüdischer Gemeinden kann man hierdurch jedoch nicht attestieren.[30] [31] [32] [33] [34] (→ Frage 495, Seite 125)

FRAGE 17: IST HARRY POTTER JUDE?

Nein, aber sein Darsteller Daniel Radcliffe ist jüdisch.

Viele Menschen wissen nicht, dass Daniel Radcliffe Jude ist. Er selbst macht daraus kein großes Thema, hat sich aber in einigen Interviews als jüdisch bezeichnet und gesagt, dass er stolz auf seine jüdische Identität sei.

Wie Daniel Radcliffe sind auch viele andere Juden meist nicht als solche erkennbar, wenn sie keine Kippa oder andere traditionelle Kleidung tragen. Daniel Radcliffes jüdische Identität spielt während Dreharbeiten für Filme wie die Harry-Potter-Reihe aber keine Rolle.[35] [36]

„Antisemitismus und die Verbreitung von Hass auf Jüdinnen und Juden und Israel sind durch nichts zu rechtfertigen. Oftmals resultiert Antisemitismus aus Unwissenheit, was es allerdings auch nicht besser macht oder ‚entschuldigt'. Deshalb ist die Fragemauer ein richtig gutes und notwendiges Projekt, das mit Vorurteilen aufräumt, Wissen vermittelt und zeigt, wie vielfältig jüdisches Leben ist."

KATRIN BUDDE,

MdB, Vorsitzende des Ausschusses für Kultur und Medien im Deutschen Bundestag

FRAGE 751: WIE KÖNNEN JÜDISCHE PATIENTEN KULTURSENSIBEL VERSORGT WERDEN?

Indem sich über das Judentum informiert wird und entsprechende Anpassungen vorgenommen werden.

Auf infrastruktureller Ebene können in medizinischen Einrichtungen wie Krankenhäusern einige Maßnahmen getroffen werden. Dazu zählen die Verfügbarkeit koscheren Essens, das Bereitstellen eines Gebetsraums, sowie die Einstellung eines Fahrstuhls in den Schabbat-Modus am Freitag – er hält dann automatisch in jedem Stockwerk, sodass kein Knopf gedrückt werden muss. Dies würde streng ausgelegt gegen die Schabbat-Ruhe verstoßen. (→ Frage 6, Seite 68)

Auf zwischenmenschlicher Ebene ist es empfehlenswert, jüdische Patienten bei einem längeren Aufenthalt direkt zu fragen, ob und, wenn ja, welche Anpassungen gewünscht sind. So kann ein jüdischer Patient, genau wie ein nichtjüdischer Patient, beispielsweise bevorzugen, von medizinischem Personal des gleichen Geschlechts behandelt zu werden. Gerade bei älteren Menschen ist zudem darauf zu achten, Retraumatisierung vorzubeugen. So kann beispielsweise gestreifte Bettwäsche an die Häftlingskleidung in Konzentrationslagern erinnern.[37] [38]

FRAGE 3: SAGEN JUDEN AUCH SCHALÖMCHEN?

Ja, wenn sie Deutsch sprechen und gerade lustig sind.

Dabei wird „Schalömchen“ von der Mehrzahl der Juden wohl eher nicht verstanden, da diese Bezeichnung nur im deutschsprachigen Raum geläufig ist. Allerdings gibt es einige Wörter, die sowohl im Deutschen als auch im Hebräischen die gleiche Bedeutung haben. Das liegt vor allem an der jiddischen Sprache. Diese kommt nicht etwa aus Israel, sondern entwickelte sich im

13. Jahrhundert in Europa, als die jüdische Bevölkerung oftmals in Gettos leben musste. Hier entwickelte sich Jiddisch unter dem Einfluss der hebräischen und der deutschen Sprache des Mittelalters.

Mitte des 14. Jahrhunderts flohen viele Juden vor der Verfolgung und Unterdrückung nach Mittel- und Osteuropa und nahmen ihre Sprache mit. Im Zuge der Massenauswanderung im späten 19. Jahrhundert verbreitete sich Jiddisch schließlich weltweit.

Noch heute gibt es viele Wörter, die im Deutschen alltäglich verwendet werden und jiddischen Ursprungs sind. Dazu zählen zum Beispiel die Begriffe „Ganove", „Pleite", „Schmusen", „Schluck" und „Tacheles". (→ Frage 633, Seite 27)

Auch wenn sie mit den gleichen Schriftzeichen geschrieben werden, sind Jiddisch und Hebräisch zwei unterschiedliche Sprachen, die keineswegs von allen Juden auf der Welt verstanden werden. Viele Juden sprechen vor allem die Landessprachen der Orte, an denen sie leben. Nur in Israel ist Hebräisch die offizielle Landessprache. Jiddisch wird nur noch in wenigen ultraorthodoxen Gemeinden als Alltagssprache verwendet, zum Beispiel innerhalb der jüdischen Gemeinden im New Yorker Stadtteil Williamsburg (Brooklyn) oder in Teilen der Gemeinden in Antwerpen, London oder Jerusalem, wo es unterschiedliche jiddische Dialekte gibt.[39] [40] (→ Frage 84, Seite 82; Frage 243, Seite 102)

FRAGE 306: IST ES OKAY, EINEN JUDEN ZUM JÜDISCHSEIN ZU BEFRAGEN?

Kommt drauf an.

Die meisten Menschen in Deutschland haben kaum persönlichen Kontakt zu Juden. Eine gewisse Neugier ist daher zu verstehen. Identität ist allerdings ein sehr persönliches Thema und Juden sind es, genau wie andere Personengruppen, niemandem schuldig, Frage und Antwort zu stehen. Des Weiteren kann es für Juden verletzend sein, immer auf diesen Teil ihrer Identität reduziert zu werden. Daher ist Feingefühl gefragt. Wie überall im Leben gilt: Wer freundlich fragt, bekommt meist auch eine hilfreiche Antwort.

Alternativ bieten sich Initiativen wie Meet a Jew an, die explizit dafür gegründet wurden, um Begegnung und Dialog zwischen jüdischen und nichtjüdischen Menschen in Deutschland zu fördern. Interessierte können online ein Treffen mit einem Juden anfragen, der sich explizit dafür gemeldet hat, zum Jüdischsein befragt zu werden.[41]

FRAGE 744: WAR EINSTEIN JUDE?

Ja, Albert Einstein war ein jüdischer Wissenschaftler.

Er wurde am 14. März 1879 in eine liberale jüdische Familie in der süddeutschen Stadt Ulm hineingeboren. Er gilt als einer der bedeutendsten Physiker und weltweit als einer der bekanntesten Wissenschaftler der Neuzeit. Weltberühmt wurde er für die bahnbrechende Relativitätstheorie.

Ab 1914 wirkte Einstein für fast zwanzig Jahre in Berlin, unter anderem als Direktor der Kaiser-Wilhelm-Gesellschaft und Mitglied der Preußischen Akademie der Wissenschaften. Als Jude war er immer wieder mit Antisemitismus konfrontiert. Im universitären Raum störten beispielsweise rechte Studenten wiederholt seine Vorlesungen und Kollegen lehnten seine Arbeit aufgrund seines Jüdischseins ab. Nach der „Machtergreifung“ Hitlers entschied sich Einstein im Herbst 1933, seiner Wahlheimat Berlin den Rücken zu kehren. Er floh vor den Nationalsozialisten in die USA, wo er bis zu seinem Tod im Jahr 1955 in Princeton, New Jersey, lebte und forschte.

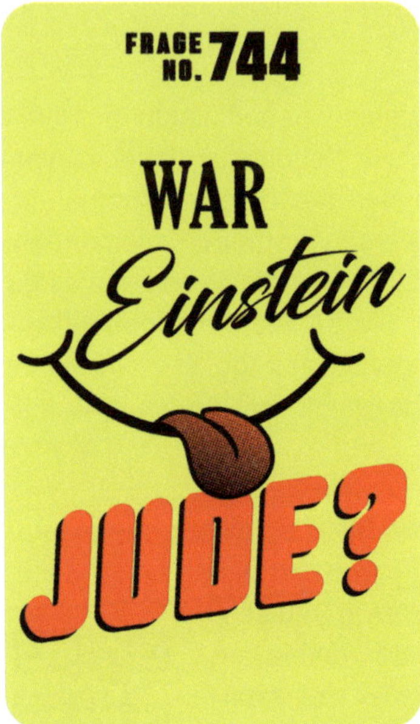

Im Jahr seiner Flucht gründete Einstein gemeinsam mit anderen Intellektuellen, Künstlern, geistlichen Personen und Politikern die *International Relief Association* (heute *International Rescue Committee*). Ziel der noch heute bestehenden Organisation war es ursprünglich, Menschen die Flucht vor den Nazis zu ermöglichen.

Mit der zionistischen Bewegung und später dem Staat Israel war Einstein eng verbunden. 1952 wurde ihm angeboten, der zweite Präsident Israels zu werden. Einstein lehnte dieses Angebot allerdings ab.[42 43 44 45]

„Die Kampagne Fragemauer hilft Unsicherheiten im Umgang miteinander zu reduzieren und ist damit ein tolles Projekt für die wichtige Stärkung des gesellschaftlichen Zusammenhalts.“

JOE CHIALO,

Senator für Kultur und Gesellschaftlichen Zusammenhalt des Landes Berlin

FRAGE 347: GAB ES JUDEN IN DER DDR?

Ja, sie hatten aber unter Diskriminierungen zu leiden, insbesondere wenn sie ihre Religion praktizierten und sich nicht positiv zum Staat und seinem SED-Regime bekannten.

Nach dem Ende des Zweiten Weltkriegs wollten einige Juden, trotz des kollektiven Traumas der Schoah, am Aufbau eines deutschen, sozialistisch geprägten Staates mitwirken. Im Verständnis der DDR als antifaschistischem Staat, der sich allein durch seine Staatsgründung von den Verbrechen des Nationalsozialismus distanzierte, wurde Antisemitismus meist nicht benannt oder thematisiert. Die staatliche Gedenkkultur konzentrierte sich nahezu ausschließlich auf den kommunistischen Widerstand während der NS-Zeit.

Insofern verwundert es nicht, dass es innerhalb der Bevölkerung, aber auch innerhalb des Regierungsapparats in der DDR antisemitische Einstellungen gab, die nach dem Zweiten Weltkrieg fortbestanden. Weiter verstärkt wurden diese durch einen zunehmend offen zur Schau gestellten Antisemitismus in der Sowjetunion. So wurden zum Beispiel in der Nacht von dem 12. auf den 13. August 1952 zahlreiche jüdische Schriftsteller und Intellektuelle in Moskau wegen angeblicher Spionage und Hochverrat hingerichtet. Viele Juden in der DDR fühlten sich in dieser Situation so bedroht, dass sie das Land verließen. Mitte der 1950er Jahre schrumpfte die jüdische Gemeinde in der DDR auf gerade noch 500 Mitglieder.

Hinzu kommt, dass das DDR-Regime über viele Jahre Waffen an arabische Länder und dortige Terrororganisationen lieferte. Dem Ministerium für Staatssicherheit (MfS) der DDR wird deshalb eine aktive Rolle beim Aufbau arabischer Geheimdienste sowie der Ausbildung von Terroristen zugeschrieben. Dieses Engagement wurde sogar noch ausgebaut, nachdem sich Israel im Sechstagekrieg 1967 erfolgreich gegen die arabischen Aggressoren behaupten konnte.

Entsprechend prägten vor allem antiisraelische Propaganda sowie Repressionen und systematische Ausgrenzung den Alltag vieler Juden in der DDR. Dennoch hatte die Staatspartei SED einige prominente jüdische Mitglieder, beispielsweise Klaus Gysi, Vater des Bundespolitikers Gregor Gysi, Alexander Abusch, Hermann Axen, Anna Seghers und Albert Norden.[46] [47] [48] [49] [50] [51]

FRAGE 96: WAS SIND STOLPERSTEINE?

Stolpersteine sind eine Form des dezentralen Gedenkens an die Opfer der nationalsozialistischen Verfolgung.

Es handelt es sich um kleine Gedenktafeln, die vor den letzten selbstgewählten Wohnhäusern von Menschen, die im Nationalsozialismus verfolgt, ermordet, deportiert, vertrieben oder in den Suizid getrieben wurden, in den Gehweg eingelassen sind. Die Tafeln bestehen aus Messingquadraten, in welche jeweils der Name, das Geburtsdatum sowie – soweit bekannt – der letzte Lebensort der Person eingraviert sind.

Das Kunstprojekt wurde 1992 vom Berliner Künstler Gunter Demnig ins Leben gerufen. Der Name „Stolperstein" spielt darauf an, dass Passanten beim Überqueren der Gedenktafeln symbolisch stolpern und so auf die individuellen Schicksale der Menschen aufmerksam gemacht werden. Das Projekt soll dazu beitragen, die Erinnerung an die Opfer der nationalsozialistischen Verfolgung wachzuhalten und eine persönliche Verbindung zu den historischen Ereignissen herzustellen.

Die Stolpersteine sind als kleine Mahnmale in vielen deutschen Städten und darüber hinaus in immer mehr Ländern Europas zu finden. Berlin ist mit über 10.000 heute die Stadt mit den meisten Stolpersteinen. Sie werden mittlerweile für alle Opfer der nationalsozialistischen Verfolgung verlegt, also auch für betroffene Nichtjuden.[52][53]

FRAGE 619: SCHREIBEN JUDEN RÜCKWÄRTS?

Nein, aber Hebräisch wird von rechts nach links geschrieben und gelesen.

Das hebräische Alphabet (hebr. Alef-Bet) beinhaltet 22 Buchstaben. Es existieren keine Großbuchstaben, es gibt jedoch fünf Buchstaben, die sich verändern, sobald sie am Ende eines Wortes stehen (die alternative Form wird Sofit genannt). Außerdem besitzt jeder Buchstabe des hebräischen Alphabets einen Zahlenwert.

Eine Besonderheit der hebräischen Sprache ist, dass es keine Vokale im Alef-Bet gibt, die ausgeschrieben werden. Meistens werden nur die Konsonanten notiert. Zum Lernen werden manchmal die Vokale mit Vokalzeichen (hebr. Nikud) unter und neben den Konsonanten ergänzt.

Die hebräische Sprache nimmt eine wichtige Rolle im Judentum ein, auch weil sie für das Studium der Heiligen Schrift nötig ist. Modernes Hebräisch, auch Ivrit genannt, ist außerdem die Landessprache Israels. Darüber hinaus gibt es weitere Sprachen, die mit dem hebräi-

schen Alef-Bet geschrieben werden. Dazu gehört Jiddisch, die traditionelle Sprache der Juden aus Mittel- und Osteuropa.[54] [55] [56]
(→ Frage 84, Seite 82; Frage 243, Seite 102)

FRAGE 42: MÜSSEN JUDEN IN DEUTSCHLAND AM SCHABBAT ARBEITEN?

Prinzipiell ja. Es gibt in Deutschland keinen gesetzlichen Sonderstatus eines Juden gegenüber seinem Arbeitgeber.

Obwohl viele Berufstätige in Deutschland nicht dem Christentum angehören, gibt es keine konkreten Regelungen, wie mit Angehörigen anderer Religionen im Arbeitsalltag umgegangen werden soll. Entsprechend ist auch das Recht auf Arbeitsruhe an jüdischen Feiertagen noch nicht in den jeweiligen Gesetzgebungen der Bundesländer festgehalten. So kommt es im Berufsleben von Juden in Deutschland oft zu Herausforderungen. Da eine klare und einheitliche Regelung fehlt, müssen berufstätige Juden mit ihren Arbeitgebern persönlich ins Gespräch kommen, um an den eigenen religiösen Feiertagen freizubekommen. Einen Anspruch auf Freistellung haben sie dabei zwar, jedoch nicht auf eine Vergütung.

Somit sind Juden in Deutschland stets auf individuelle Kompromisse mit ihrem Arbeitgeber angewiesen, zum Beispiel auch freitags, um den Schabbat pünktlich beginnen zu können. Manchmal funktioniert das gut, manchmal aber auch gar nicht. Jüdische Organisationen fordern deswegen schon seit Langem eine Anpassung der entsprechenden Gesetze, bisher jedoch ohne nennenswerten Erfolg.[57] [58]

„Ich sehe die Fragemauer ohne Zweifel als eine tolle Einladung an alle, auf charmante und humorvolle Weise mehr über unsere jüdischen Mitmenschen zu lernen und miteinander ins Gespräch zu kommen.“

ALEXANDER MÜLLER,

MdB, Verteidigungspolitischer Sprecher der FDP-Bundestagsfraktion

FRAGE 13: WAR SCHON MAL EIN JUDE AUF DEM MOND?

Es gab schon Juden im All, aber noch nicht auf dem Mond.

Der erste jüdische Kosmonaut im Weltall war Boris Volynov. Er flog 1969 mit der *Sojus 53* ins All. Da Volynov für seine jüdische Identität offen angefeindet wurde, war es bis kurz vor dem Start der Raumsonde unklar, ob er die Mission wirklich leiten würde.

Mit diesen Erfahrungen ist Volynov nicht allein. Auch heute noch werden viele Juden Tag für Tag aufgrund ihres Jüdischseins diskriminiert. Viele Menschen hegen Vorurteile gegen das Judentum, die auf Mythen und Legenden beruhen. Deshalb verzichten viele Juden darauf, sich öffentlich als solche zu bekennen, um sich vor Anfeindungen und Gewalt zu schützen.

Es ist sehr wichtig, über heutiges jüdisches Leben und die unterschiedlichen Lebensrealitäten der jüdischen Gemeinschaft aufzuklären, um Verschwörungsmythen, Diskriminierungen und Anfeindungen entschlossen entgegenzutreten.[59] (→ Frage 40, Seite 121; Frage 811, Seite 131)

FRAGE 653: WARUM KLINGEN VIELE JÜDISCHE NACHNAMEN DEUTSCH?

Viele jüdische Nachnamen klingen deutsch, weil sie oft auf die Orte zurückzuführen sind, an denen jüdische Gemeinschaften historisch gelebt haben.

Während auf dem europäischen Kontinent seit dem 15. Jahrhundert Vor- und Familiennamen etabliert waren, trugen die hier lebenden Juden Jahrhunderte lang nur Vorname und Vatersname (zum Beispiel Jakob Ben Abraham, also Jakob Sohn Abrahams). Erst ab Ende des 18. Jahrhunderts änderte sich dies: Mit der dann beginnenden rechtlichen Gleichstellung der Juden wurde es auch für sie verpflichtend, einen Familiennamen einzuführen. In Frankreich wurde etwa darauf geachtet, dass sich die Namen nicht von anderen Staatsbürgern unterschieden. In Preußen und anderen deutschen Kleinstaaten war es anders: Hier konnten Juden ihre Namen frei wählen und so wählten viele moderne Namen, inspiriert durch ihren Beruf oder ihren Wohnort, wie zum Beispiel Blumenthal, Oppenheim, Karlsruhe, Brenner oder Schuster. Da die Zeit der jüdischen Emanzipation in die Epoche der Romantik fiel, wählten viele Juden auch wohlklingende Namen wie Blumenfeld oder Rosenthal. Wieder andere wählten traditionell jüdische Familiennamen wie Cohen oder Moses.

Doch natürlich klingen nicht alle jüdischen Nachnamen deutsch – es gibt eine große Vielfalt von jüdischen Familiennamen mit unterschiedlichsten Ursprüngen.[60] [61] [62]

FRAGE 12: GIBT ES EIN JÜDISCHES TINDER?

Ja, es gibt Dating-Apps, die es leichter machen, jüdische Personen zu matchen.

Juden leben heute überall auf der Welt verteilt. Das liegt vor allem an Flucht und Vertreibung, von denen jüdisches Leben seit Jahrtausenden betroffen ist. In Städten mit großen jüdischen Gemeinden, wie Frankfurt und Berlin in Deutschland oder Wien in Österreich, ist es für jüdische Personen einfacher, neue Menschen innerhalb der jüdischen Gemeinschaft kennenzulernen als in kleinen Orten oder auf dem Land. Generell leben in Deutschland allerdings nur rund 100.000 bis 200.000 Juden, in Österreich lediglich bis zu 15.000 und in der Schweiz ungefähr 18.000. Deshalb ist es für Juden nicht immer einfach, einen jüdischen Partner oder eine jüdische Partnerin zu finden, wenn sie denn gezielt danach suchen. Dies ist individuell sehr unterschiedlich.

Es gibt aber spezialisierte Plattformen, auf denen ausschließlich jüdische Menschen nach Partnern suchen. Zudem kann man auch auf vielen gängigen Dating-Apps nach jüdischen Matches suchen.[63] [64] [65] [66] [67] [68]

RELIGION

FRAGE 7: KANN SEX KOSCHER SEIN?

Ja, für Sex gibt es sogar besondere Regeln im Judentum.

Zumindest für Verheiratete wird Sex in der Tora sogar vorgeschrieben. Sex in außerehelichen Beziehungen ist hingegen verboten. Besonders bei streng religiösen Juden ist der Kinderwunsch meist sehr ausgeprägt, da eines der Gebote heißt: „Seid fruchtbar und mehret euch“ (Buch Genesis, Kapitel 1 Vers 28).

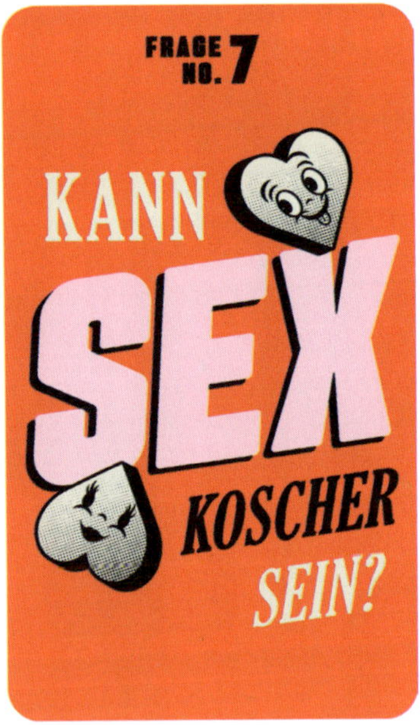

Traditionell steht im Judentum die Frau an erster Stelle. Der Mann soll auf sie Rücksicht nehmen und ihre Wünsche auch in der Sexualität erfüllen. Das unterschreibt er sogar mit dem Ehevertrag, der Ketuba. Darin ist auch festgehalten, dass sich die Frau scheiden lassen kann, wenn ihr Mann sie körperlich nicht befriedigt oder keine Rücksicht auf die Zeit der Enthaltsamkeit nimmt. Denn auch während der Ehe ist Sex an bestimmten Tagen tabu, und zwar, wenn die Frau ihre Regel hat sowie sieben Tage danach.

Ebenso sieht es die Tradition vor, dass unverheiratete Frauen und Männer möglichst jede Versuchung vermeiden sollen, sich näher zu kommen, sich beispielsweise nicht zu zweit in einem Raum aufhalten. Doch an diese strengen Regeln halten sich heute fast nur noch ultraorthodoxe Juden.

Wie genau Sexualität und Judentum vereint werden, unterscheidet sich individuell. Heutzutage gibt es viele liberale oder säkulare Juden, die nicht heiraten und trotzdem ein erfülltes Sexualleben führen. Auch Homosexualität stellt in liberalen Gemeinden kein Problem dar, sondern ist dort Teil eines diversen jüdischen Lebens.[69] [70] [71] [72] (→ Frage 110, Seite 66)

FRAGE 416: WAS BEDEUTEN DIE SCHNÜRE AN DER KLEIDUNG JÜDISCHER MÄNNER?

Die Schnüre werden im Judentum als Zizit bezeichnet und sind ein wichtiges religiöses Symbol.

Zizit bestehen aus vier langen Fäden, die durch eine spezielle Technik in einem bestimmten Muster an den Ecken eines viereckigen Gebetsmantels befestigt werden. Dabei wird zwischen Tallit Gadol und Tallit Katan (dt. Großer und Kleiner Gebetsmantel) unterschieden. Sie sind ein religiöses Symbol und erinnern den Träger an die Gebote Gottes.

Die Anzahl der Knoten und Wicklungen auf den Fäden hat eine symbolische Bedeutung und steht im Zusammenhang mit bestimmten Zahlen in der jüdischen Tradition. Das Wort Zizit hat den numerischen Wert 600, dazu kommen acht Fäden und fünf Knoten. Daraus ergibt sich die Zahl 613, genauso viele Ge- und Verbote gibt es im Talmud. Die Zizit sollen den Träger daran erinnern, nach diesen Geboten Gottes zu leben und ein moralisch verantwortungsbewusstes Leben zu führen. Manche Juden bedecken während des Gebets auch ihren Kopf mit ihrem Tallit, um sich besser auf Gott und das Beten fokussieren zu können.[73] [74]
(→ Frage 31, Seite 67)

FRAGE 594: KÖNNEN FRAUEN RABBI WERDEN?

Ja, Frauen können Rabbinerinnen werden.

Weltweit ist ein Viertel der Rabbinerämter in liberalen Gemeinschaften weiblich besetzt. Auch in Deutschland gibt es mehrere Rabbinerinnen. Seit Juli 2023 steht Rabbinerin Dr. Elisa Klapheck als erste Frau an der Spitze des liberalen Judentums in Deutschland. Die erste Rabbinerin weltweit wurde 1935 die Berlinerin Regina Jonas. Sie wurde 1944 in Auschwitz ermordet.

Das Rollenbild der Frau hat sich in den letzten Jahrhunderten stark verändert. Dabei gibt es Unterschiede zwischen den liberalen und orthodoxen Auslegungen des Judentums. Im liberalen Judentum gelten Frauen als absolut gleichberechtigt. Damit können sie zur Tora-Lesung aufgerufen werden, zählen zum Gebetsquorum, dem Minjan (eine für ein öffentliches Gebet notwendige Mindestanzahl von zehn Betenden), und können auch Rabbinerinnen werden.

Im orthodoxen Judentum wird die Rolle der Frau konservativer gesehen. Hier wird die Frau tendenziell nicht dem öffentlichen, sondern eher dem privaten Bereich zugeordnet. Dieses Verständnis sieht nicht vor, dass Frauen als Rabbinerinnen tätig werden. Auch das ändert sich jedoch an einigen Stellen und es gibt heute vereinzelt auch orthodoxe Rabbinerinnen.[75] [76] (→ Frage 184, Seite 60)

FRAGE 317: GLAUBEN JUDEN AN JESUS?

Nein, im Judentum glaubt man, dass der Messias noch kommen wird.

Als Messias wird im Judentum und im Christentum der Erlöser bezeichnet, der die Kraft hat, alles Schlechte auf der Welt zu bekämpfen. Juden glauben, dass der Messias noch auf die Erde kommen wird, während er für Christen bereits in der Person von Jesus auf der Welt war.

Die Ansichten der Juden von Jesus variieren in den verschiedenen Strömungen des Judentums stark. Im orthodoxen und konservativen Judentum wird er als historische Person anerkannt, hat jedoch keine religiöse Relevanz. Im liberalen Judentum gibt es dagegen eine breite Vielfalt von Ansichten. Einige liberale Juden sehen Jesus als moralischen Lehrer, während andere ihn als historische Figur betrachten, ohne ihm religiöse Bedeutung beizumessen.

Sogenannte messianische Juden glauben wie Christen an Jesus als Messias. Sie leben nichtsdestotrotz nach den jüdischen Gesetzen, wie etwa dem Einhalten der Beschneidung, den Speisevorschriften oder dem Schabbat. Von den jüdischen Autoritäten aller anderen Strömungen wird das messianische Judentum dennoch nicht als legitime jüdische Strömung anerkannt.[77] [78] [79]
(→ Frage 184, Seite 60)

FRAGE 661: WAS IST EINE CHALLAH?

Die Challah ist ein traditionelles jüdisches Brot, das eine wichtige Rolle im Judentum spielt.

Es wird normalerweise zu den Mahlzeiten des Schabbats und an anderen Feiertagen gegessen. Vor Beginn der Mahlzeit am Schabbat wird zunächst ein Segen über den Wein gesprochen, der Kiddusch. Daraufhin wird die zuvor mit einem Tuch bedeckte Challah aufgedeckt und es wird ebenfalls ein Segen über das Brot gesprochen. Das eigentliche Essen wird mit einem mit Salz bestreuten Stück Challah begonnen. Die Challah hat eine besondere Bedeutung im Judentum und symbolisiert neben dem Segen und der Opfergabe auch die Gemeinschaft und Zusammengehörigkeit im Judentum.

Zu Schabbat liegen fast immer zwei Challah-Brote, im Plural Challot genannt, auf dem Tisch. Dies geht auf die Geschichte des Volkes Israels und ihrer langen Wanderung durch die Wüste zurück. In der Tora steht geschrieben, dass Gott jeden Tag für alle ein Manna (dt. Himmelsbrot) vom Himmel fallen ließ – außer am Freitag und Samstag. Da der Herr an Schabbat seinen Ruhetag hielt, fiel freitags bereits eine doppelte Ration Manna vom Himmel, um tags darauf die Arbeit ruhen lassen zu können. Zu Rosch ha-Schana, dem jüdischen Neujahrsfest, werden übrigens runde Challot gebacken, um den Neubeginn des Kalenderjahres zu symbolisieren.[80 81] (→ Frage 6, Seite 68)

FRAGE 4: ESSEN JUDEN CHEESEBURGER?

Traditionelle Juden nicht, da es nicht koscher ist.

Im Judentum gibt es religiöse Speisevorschriften, die unter dem Begriff Kaschrut zusammengefasst werden. Damit eine Mahlzeit koscher, das heißt erlaubt ist, dürfen Milch und Fleisch nicht zusammen zubereitet und gegessen werden. In der Tora, der wichtigsten Schrift im Judentum, heißt es im Buch Exodus, Kapitel 2 Vers 19: „Koche nicht ein Böcklein in der Milch seiner Mutter." So essen traditionell lebende Juden keine Fleischprodukte in Verbindung mit milchhaltigen Lebensmitteln, wie zum Beispiel Cheeseburger.

Des Weiteren gilt Fleisch nur als koscher, wenn es von Tieren mit gespaltenen Hufen stammt, die wiederkäuen. Schaf-, Rindfleisch und Hirsch sind somit erlaubt. Wie auch im Islam wird jedoch auf Schweinefleisch sowie den Verzehr von Blut insgesamt verzichtet, welches als Sitz der Seele – auch der eines Tieres – angesehen wird.

Wie streng die Speisegebote ausgelegt werden, unterscheidet sich stark. Jüdische Esskultur basiert nicht nur auf religiösen Vorschriften, sondern auch auf familiären Traditionen und unterschiedlichen Migrationserfahrungen. Einige Juden halten sich streng an die Kaschrut, lassen zwischen dem Essen von Fleisch und Milch eine feste Anzahl von Stunden vergehen und besitzen unterschiedliche Geschirr-Sets für Milch- und Fleischprodukte. Andere Juden befolgen die Kaschrut lockerer oder halten sich gar nicht an die Speisevorschriften.[82] [83] [84] [85]

„Die enge Partnerschaft von Israel und Deutschland bleibt ein Wunder der Geschichte und Geschenk. Aber die aktuellen Debatten zeigen, dass wir von unseren Freunden viel zu wenig wissen. Freundschaften müssen gepflegt werden – und diese besonders. Die Fragemauer leistet dazu einen wichtigen Beitrag.“

GITTA CONNEMANN,

MdB, stellv. Vorsitzende der deutsch-israelischen Parlamentariergruppe im Deutschen Bundestag

FRAGE 384: SIND ALLE JÜDISCHEN MÄNNER BESCHNITTEN?

Viele, aber nicht alle jüdischen Männer sind beschnitten.

Nicht alle, aber die meisten jüdischen Eltern beschneiden ihre Söhne acht Tage nach der Geburt. Denn mit der Beschneidung, auf Hebräisch „Brit Mila“ genannt, werden die Jungen in die jüdische Gemeinschaft aufgenommen. Dieses Ritual ist in der Tora festgehalten. Es heißt, dass die Beschneidung einen Bund zwischen Gott und dem jüdischen Volk schafft. Außerdem erhalten die männlichen Neugeborenen ihre jüdischen Namen erst mit diesem Ritual. Deswegen ist die Beschneidung ein wichtiger Bestandteil der jüdischen Identität und wird von fast allen jüdischen Glaubensströmungen durchgeführt.

Die Beschneidung gilt als eines der wichtigsten Gebote, sodass dieses als Ausnahme selbst am jüdischen Ruhetag, dem Schabbat, durchgeführt wird. Die Brit Mila wird von einem geschulten Beschneider, der die hebräische Namensbezeichnung Mohel trägt, durchgeführt. Dabei wird während des gesamten Vorgangs auf die Sterilität geachtet. Auch viele nichtjüdische Männer sind beschnitten, darunter Muslime.

Es halten sich jedoch nicht alle jüdischen Familien an das Gebot der Beschneidung. Jede jüdische Familie hat ihre eigenen, individuellen Überzeugungen und kulturellen Praktiken, die nicht immer eine Beschneidung von neugeborenen Jungen vorsieht.[86] [87]

FRAGE 565: DÜRFEN JUDEN TATTOOS TRAGEN?

Laut den jüdischen Gesetzen und Traditionen ist es verboten, sich tätowieren zu lassen, weil Tattoos in der Antike Verehrungszeichen für andere Götter waren.

Ein Tora-Vers in Levitikus 19,28 besagt, dass man sich für einen Toten keine Kerben auf seinem Körper anbringen dürfe und auch keine Zeichen einritzen solle. In einigen modernen Übersetzungen der Tora findet sich sogar explizit das Wort Tätowierung. Entsprechend lehnen orthodoxe, konservative und auch teilweise reformierte Autoritäten das Tätowieren grundsätzlich ab. Unter liberalen oder säkularen Juden finden sich dennoch immer häufiger Tätowierungen.

Im Konzentrationslager Auschwitz tätowierten die Nazis einem Teil der Gefangenen deren Häftlingsnummer auf den Unterarm – ein Instrument der Entmenschlichung sowie für alle religiösen jüdischen Häftlinge ein Instrument der Erniedrigung.

Es kursieren Gerüchte, nach denen Juden mit Tattoos nicht auf einem jüdischen Friedhof beerdigt werden dürfen. Das ist jedoch ein Mythos.[88] [89]

„Am Anfang der Erkenntnis steht das Fragen und Hinterfragen. Nur durch Infragestellen können Vorurteile und Stereotype dekonstruiert werden. Dazu kann das vorliegende Werk einen Beitrag leisten. Ich wünsche dabei Erfolg!“

VOLKER BECK,

Präsident der Deutsch-Israelischen Gesellschaft

FRAGE 100: HAT DER CHRISTLICHE GLAUBE JÜDISCHE WURZELN?

Ja, der christliche Glaube basiert auf der biblischen Figur Jesus, der selbst Jude war.

Die Nähe von Christentum und Judentum kann man noch heute an den jeweiligen Schriften der Religionen erkennen. Die für Christen grundlegende Bibel besteht aus zwei Teilen: Dem Alten Testament und dem Neuen Testament. Das Alte Testament ist identisch mit dem jüdischen Tanach, einer der wichtigsten Schriftgrundlagen des Judentums. Insbesondere die zehn Gebote sind für Juden wie für Christen von zentraler Bedeutung. Jesus stellt für viele Christen die Verbindung zwischen Judentum und Christentum dar.

Es gibt aber auch eine lange Geschichte des christlichen Judenhasses: Beginnend in der Spätantike haben die christlichen Gesellschaften durch die Jahrhunderte immer wieder Juden diskriminiert, im schlimmsten Falle ermordet. Der moderne Antisemitismus ist vom christlichen Antijudaismus zu unterscheiden, wurzelt aber in ihm. Auch die Rolle der christlichen Kirchen im Holocaust ist nach wie vor ein großes, nicht immer ausreichend aufgearbeitetes Thema. Positiv hervorzuheben ist, dass sich heute viele christliche Initiativen weltweit für die Verständigung mit Juden einsetzen.[90] [91]

FRAGE 16: IST CHANUKKA DAS JÜDISCHE WEIHNACHTEN?

Nein, aber Chanukka ist auch ein Lichterfest und fällt in die Weihnachtszeit.

Auch wenn das jüdische Chanukka oft in den gleichen Zeitraum wie Weihnachten fällt, haben die beiden Feste nichts miteinander zu tun. Im Judentum erinnert Chanukka an die Befreiung des Tempels in Jerusalem 164 v. d. Z., welcher zuvor unter der Besatzung hellenisierter Juden und makedonischer Seleukiden stand. Die Besatzer unterdrückten die jüdische Bevölkerung und untersagten ihnen das Ausüben ihrer Religionspraktiken. Eine kleine jüdische Widerstandsbewegung, die Makkabäer, wehrte sich und konnte sich gegen das ihnen zahlenmäßig weit überlegene Heer des seleukidischen Königs Antiochus IV. durchsetzen.

Chanukka wird acht Tage lang gefeiert. Jeden Tag wird eine Kerze auf dem Chanukka-Leuchter, der Chanukkia, entzündet. Diese Tradition erinnert an ein Wunder, das sich bei der Wiedereinweihung des Tempels ereignet haben soll. Obwohl für den Leuchter im Tempel nur noch Öl für einen Tag vorhanden war, reichte das Öl unerwartet für acht Tage, so lange, bis neues Öl hergestellt worden war. Aus diesem Grund werden zu Chanukka traditionell viele fettige Speisen wie Kartoffelpuffer und Pfannkuchen gegessen, die an das Öl-Wunder erinnern. Eine große Geschenke-Tradition wie zu Weihnachten gibt es an Chanukka zwar nicht, aber das Fest wird auch im Kreise der Familie verbracht. Kinder bekommen von ihren Verwandten oftmals Süßigkeiten oder Geld zugesteckt.[92] [93] [94] (→ Frage 49, Seite 29)

FRAGE 184: WIE VIELE VERSCHIEDENE JÜDISCHE RELIGIÖSE STRÖMUNGEN GIBT ES AUF DER WELT?

Viele. Innerhalb der orthodoxen und liberalen Hauptströmungen gibt es ein breites Spektrum an Unterströmungen, welche die religiösen Schriften jeweils unterschiedlich auslegen und andere Riten pflegen.

Das orthodoxe Judentum ist die traditionellste Strömung des Judentums. Es legt das jüdische Religionsgesetz verbindlich aus und betont die Bedeutung der Tradition und der Tora. Zu dieser Strömung zählen auch die ultraorthodoxen Charedim (dt. Gottesfürchtigen). Sie akzeptieren als Grundlagen jüdischen Lebens und jüdischer Identität nur die Tora und die religiösen Gesetze. In der Öffentlichkeit sind sie leicht an ihrer Kleidung zu erkennen. Meist leben sie in eigenen Gemeinden, ihre Weltanschauung steht jener der Mehrheitsbevölkerung häufig entgegen.

Eine weitere Glaubensströmung ist das konservative Judentum, auch Masorti genannt. Dieses liegt in seiner Religionsauffassung zwischen dem orthodoxen und liberalen Judentum. So halten die Masorti an vielen traditionellen Praktiken fest, sind aber dennoch offen für eine kritische Reflexion der Gebote und einige Anpassungen und Modernisierungen der Gesetzesauslegungen.

Dem gegenüber steht das liberale Judentum. Diese Glaubensströmung betont die individuelle Freiheit des Menschen und die Pflicht der Modernisierung der Religion. Die Ursprünge des liberalen Judentums liegen vor allem im Deutschland des 18. und 19. Jahrhunderts. Die erste Rabbinerin Regina Jonas wurde 1935 in Berlin ordiniert. (→ Frage 594, Seite 50)

Heute sind in Deutschland wiederum über 90 Prozent der Juden rein strukturell in orthodoxen Einheitsgemeinden organisiert. Dies hat vor allem historische Gründe in den Neuanfängen jüdischen Lebens nach dem Zweiten Weltkrieg: Die Strukturierung sollte dazu beitragen, allen jüdischen Glaubensströmungen ein gemeinsames Dach zu bieten. Die seinerzeit oft sehr kleinen Einheitsgemeinden stehen aber in der Regel bis heute allen Juden offen. Daher kann vom Begriff ausgehend in Deutschland kaum ein Rückschluss auf die Religiosität der jüdischen Gemeindemitglieder gezogen werden.[95] [96] [97]

FRAGE 120: TRAGEN JÜDISCHE FRAUEN KOPFTÜCHER?

Vor allem im orthodoxen Judentum ist es üblich, dass verheiratete Jüdinnen religiöse Kopfbedeckungen tragen, einige auch ein Kopftuch.

Wer einmal in Israel oder in einer jüdischen Gemeinde war, wird schnell entdeckt haben, dass viele jüdische Frauen eine Perücke tragen oder ihre Haare unter einer Mütze oder einem Kopftuch (jiddisch Tichel) verstecken. In Tora und Talmud wird unter anderem das Gebot der Zniut beschrieben, was übersetzt Sittsamkeit oder Bescheidenheit bedeutet. Haare gelten in der jüdischen Religion als sexuelles Symbol. Dieses ist nach der Hochzeit aber nur für den Ehemann bestimmt. Darum werden die Haare von vielen verheirateten, orthodoxen Jüdinnen verdeckt.

Liberale und säkulare Jüdinnen tragen meist keine religiösen Kopfbedeckungen.

Wissenswert ist auch, dass religiöse Kleidervorschriften im Judentum nicht ausschließlich Frauen betreffen. So tragen zum Beispiel auch viele gläubige jüdische Männer, wenn auch aus anderen Gründen, beispielsweise eine Kopfbedeckung (hebr. Kippa).[98] (→ Frage 14, Seite 70)

FRAGE 190: KANN MAN ZUM JUDENTUM KONVERTIEREN?

Ja, man kann zum Judentum konvertieren, doch die Aufnahmekriterien sind streng.

Das Judentum wird grundsätzlich durch die Geburt weitergegeben. Gemäß dem halachischen Gesetz sind die Kinder einer jüdischen Mutter von Geburt an jüdisch. Man kann aber auch durch den Giur, was Konversion bedeutet, zum Judentum übertreten. Der Giur erfolgt nach einem längeren Prozess des Lernens und Studierens vor einem Rabbinatsgericht, vor dem man eine Prüfung ablegt.

Anders als es im Christentum oder im Islam der Fall ist, missioniert das Judentum nicht. Die Konversion wird daher nur auf eigenen Wunsch hin begonnen. Um zum Judentum überzutreten, müssen die Kandidaten jahrelang die jüdischen Traditionen lernen, ihre Essgewohnheiten an die Speisegesetze anpassen und den Schabbat halten. Zudem müssen sie Hebräisch lernen, um die Gebete mitsprechen zu können. Das abschließend prüfende Rabbinatsgericht besteht aus drei Mitgliedern.

Auch wenn die Konversion langwierig und streng ist, nehmen jährlich mehrere tausend Menschen auf der ganzen Welt das Judentum an. Oft sind es patrilineare Juden – also Menschen, die einen jüdischen Vater haben –, die einen Giur durchführen, um auch in konservativeren jüdischen Gemeinden als Mitglied akzeptiert zu werden.[99] [100] [101] [102]

„Nach dem staatlich organisierten Völkermord an 6 Millionen Jüdinnen und Juden ist Israel heute weltweit für Menschen jüdischen Glaubens der Zufluchtsort. Zu unserem großen Entsetzen müssen wir heute erleben, dass auch in Deutschland jüdisches Leben wieder bedroht ist. Dabei spielt gerade auch israelbezogener Antisemitismus eine große Rolle. Mit der Bildungskampagne Fragemauer will ELNET mit Kreativität und auch mit Humor gegen Hass, Diskriminierung und Unwissen vorgehen. Ich unterstütze dieses Projekt sehr gerne. Es klärt auf und macht Freude."

DR. MARIE-AGNES STRACK-ZIMMERMANN,

MdB, Vorsitzende des Verteidigungsausschusses des Deutschen Bundestag

FRAGE 220: GLAUBEN ALLE JUDEN AN EINEN GOTT?

Nein, nicht alle Juden glauben an einen Gott.

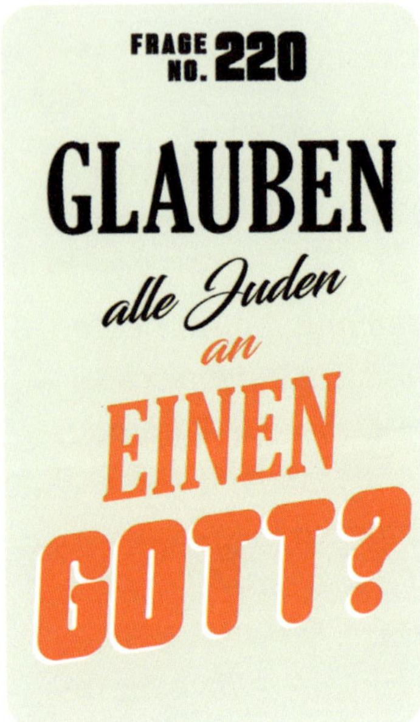

Das Judentum gehört zu den monotheistischen Religionen. Eine der wichtigsten religiösen Vorschriften dieser ist es, nur an einen Gott zu glauben und nur diesen anzubeten. Entsprechend wird die Vorschrift auch innerhalb der verschiedenen jüdisch-religiösen Strömungen befolgt.

Doch das Judentum ist nicht nur eine Religion, sondern wird auch als Volk, Philosophie, Kultur oder Schicksalsgemeinschaft betrachtet. Entsprechend gibt es beispielsweise auch jüdische Atheisten, die gar nicht gläubig sind, aber dennoch Teil der jüdischen Gemeinschaft sind und ihre jüdische Identität pflegen und wertschätzen.[103 104 105]

FRAGE 18: GIBT ES DIE TORA AUCH ALS TASCHENBUCH?

Ja, und sogar auch als E-Book.

Die Tora ist als Teil des Tanach eine der wichtigsten Schriften des Judentums. Sie beinhaltet die Geschichte des Volkes Israels und kann mit den fünf Büchern Mose in der Bibel verglichen werden. Der Begriff Tora bedeutet übersetzt Lehre oder Gesetz. Denn die Tora übermittelt auch die Weisungen Gottes.

Die Heilige Schrift hat eine lange Geschichte. Der Überlieferung nach wurde die Tora vom Volk der Israeliten vor Tausenden von Jahren am Berg Sinai entgegengenommen und seitdem nicht verändert. Deswegen wird in Synagogen auf der ganzen Welt Jahr für Jahr der gleiche Text gelesen – oder eher in einer speziellen Art und Weise von den Tora-Lesern vorgesungen. In Synagogen gibt es dafür eine besondere Tora-Rolle. Diese ist sehr wertvoll, da sie von ausgebildeten Schreibern in hebräischer Sprache per Hand auf Pergamentpapier geschrieben wurde. Sie hat nicht die Form eines Buchs mit Seiten, sondern ist eine lange Rolle, die auf zwei Holzstangen aufgewickelt wird.

Die Tora kann auch außerhalb der Synagoge gelesen werden. Es gibt Übersetzungen und Kommentare, die in vielen unterschiedlichen Sprachen herausgegeben werden, so auch auf Deutsch. Genau wie die Bibel oder den Koran kann man auch die Tora im Internet bestellen oder einfach in der nächsten Bibliothek ausleihen.[106 107]

FRAGE 110: WIE STEHT DAS JUDENTUM ZU HOMOSEXUALITÄT?

Die verschiedenen jüdisch-religiösen Strömungen stehen unterschiedlich zu Homosexualität.

Viele (ultra)orthodoxe jüdische Gemeinschaften betrachten das Ausleben von Homosexualität als Sünde und lehnen dies ab. Sie stützen sich dabei auf bestimmte Passagen aus der Tora, die gleichgeschlechtliche Beziehungen verbieten. So heißt es beispielsweise im Tanach: „Einer männlichen Person sollst du nicht auf weibliche Weise beiwohnen. Ein Gräuel ist es." (Lev 18,22)

Anhänger des konservativen und liberalen Judentums vertreten zumeist eine tolerantere Haltung gegenüber Homosexualität. In konservativen Gemeinden können bekennende Schwule und Lesben seit 2006 zu Rabbinern und Kantoren ordiniert werden. Im liberalen Judentum ist dies bereits seit den 1990er Jahren möglich. Beide Strömungen erlauben gleichgeschlechtliche Heirat. Insbesondere im liberalen Judentum fühlen sich viele homosexuelle Juden in ihrer Identität bestärkt.

Da Homosexualität im Judentum ein äußerst komplexes Thema ist, ist es wichtig, nicht aus den generellen Tendenzen der Strömungen auf individuelle Haltungen zu schließen. So lebt zum Beispiel der orthodoxe Rabbiner der Yeshiva University, Steven J. Greenberg, offen homosexuell.

In Deutschland setzt sich unter anderem der Verein Keshet für die Rechte von jüdischen LGBTIQ+ ein.[108] [109] [110] [111] [112] [113] [114] (→ Frage 184, Seite 60)

FRAGE 31: WARUM TRAGEN JUDEN SCHLÄFENLOCKEN?

Das Tragen von Schläfenlocken ist als Gebot in der Tora verankert.

Konkret heißt es im 3. Buch Mose 19,27: „Ihr sollt nicht abnehmen die Seitenecken eures Haupthaars." Viele orthodoxe Juden, wenn auch nicht alle, tragen deshalb Schläfenlocken. Gründe für das Gebot werden in der Tora nicht angeführt. Im Talmud wird das Gebot allerdings weiter präzisiert.

Wie genau orthodoxe Juden die Schläfenlocken tragen, unterscheidet sich je nach Strömung stark. Auch von Land zu Land gibt es Unterschiede. Während bei einigen religiösen Juden die Haare beispielsweise an den Schläfen besonders lang und in Locken gelegt sind, tragen andere Juden die Haarsträhnen wesentlich kürzer und hinter den Ohren.

Von vielen aschkenasischen, also aus Europa stammenden Juden, werden die Schläfenlocken auch Pejes (jiddisch, von hebr. Peyot) genannt.[115] [116] (→ Frage 416, Seite 49)

FRAGE 6: SIND JUDEN DIE BESSEREN AUTOFAHRER?

Zumindest am Schabbat, da dann weniger Juden Auto fahren.

Der Schabbat ist im Judentum einer der höchsten Feiertage und der wöchentliche Ruhetag. Für den Schabbat gibt es viele religiöse Gebote. Insbesondere soll keine Arbeit verrichtet werden. Das Anzünden von Feuer und das Reisen ist in traditionell lebenden Familien verboten. Da die Zündung des Motors als Anzünden von Feuer gilt und man mit dem Auto zudem reist, darf man, wenn man sich streng an die Gebote des Judentums hält, am Schabbat nicht Auto fahren. Auch auf die Nutzung elektronischer Geräte, wie Smartphone oder Fernseher, muss verzichtet werden.

Da im Judentum die Tage mit dem Sonnenuntergang beginnen, startet der Schabbat schon während des Sonnenuntergangs am Freitagabend. In Israel sind an diesem Wochentag die meisten Geschäfte geschlossen und sogar der öffentliche Nahverkehr wird auf ein Minimum reduziert. Dafür nehmen alle Bürger ihre Arbeit bereits am Sonntag wieder auf, dem offiziellen Wochenstart im Judentum. Wie genau der Schabbat gefeiert wird und welche Gebote beachtet werden, hängt stark von individuellen und lokalen Traditionen ab. So gibt es auch Juden, die den Schabbat feiern und ihr Smartphone dennoch auch am Samstag in die Hand nehmen.

Generell gilt für alle Juden: Wenn ein Menschenleben in Gefahr ist, darf alles getan werden, um es zu retten – auch die Schabbat-Gebote dürfen in einer solchen Notsituation missachtet werden.[117] [118] [119]

FRAGE 709: WAS IST DIE KABBALA?

Die Kabbala ist eine mystische Tradition innerhalb des Judentums.

Sie entstand im 13. Jahrhundert in Spanien und Südfrankreich und verbindet jüdisches Gedankengut mit uralten mystischen Vorstellungen. Anhänger der Kabbala beschäftigen sich mit der Erforschung der Natur Gottes und der Schöpfung. Der Begriff Kabbala leitet sich vom hebräischen Wort kibel ab, der Wurzel für das Verb empfangen. Die Geheimnisse der Kabbala wurden nämlich traditionell von Generation zu Generation weitergegeben.

Die Kabbala ist nicht im selben Maße im gesamten jüdischen Glauben verankert. In vielen traditionellen jüdischen Gemeinschaften spielt sie im religiösen Leben nur eine begrenzte oder gar keine Rolle. In einigen Strömungen des Judentums, insbesondere im Chassidismus, einer mystisch orientierten Bewegung innerhalb des orthodoxen Judentums, hat die Kabbala jedoch eine tiefere Verankerung und wird als wichtige spirituelle Quelle betrachtet.

Die meisten Menschen kennen die Kabbala aus der Regenbogenpresse: So sind etliche Hollywood-Stars, darunter Madonna oder Gwyneth Paltrow, Anhänger dieser Tradition.[120] [121]

FRAGE 14: TRAGEN JÜDISCHE BABYS EINE KIPPA?

Nein, sie würde auch kaum auf den Köpfen halten.

Wie in vielen anderen Religionen spielt auch im Judentum die Bedeckung des Kopfes eine zentrale Rolle. Das hebräische Wort Kippa bezeichnet eine kleine kreisförmige Kopfbedeckung. Eine Kippa soll dazu dienen, den Kopf vor Gott zu bedecken, um ihm Respekt zu erweisen. Sehr religiöse jüdische Männer tragen ihre Kippa den ganzen Tag über. Andere setzen die Kippa nur zum Gebet oder in der Synagoge auf. Jeder Jude entscheidet für sich selbst, wann er eine Kippa trägt. Spätestens ab dem dritten Lebensjahr dürfen Jungen die Kopfbedeckung tragen. Kleinkinder müssen ihren Kopf natürlich noch nicht bedecken und Frauen sind dazu auch nicht verpflichtet. In einigen streng religiösen Familien verdecken sie allerdings ihr Haar und tragen dafür Tücher und Perücken. Das Gebot des Bedeckens der Haare für Frauen bezieht sich im Judentum allerdings nur auf Verheiratete. (→ Frage 120, Seite 61)

Kippot, der Plural von Kippa, gibt es in den unterschiedlichsten Designs, darunter sehr schlichte und einfarbige Varianten, aber auch solche mit bunten Motiven und Mustern. Wenn gerade einmal keine Kippa zur Hand ist, genügt es sogar, den Kopf mit einer Hand zu bedecken.[122] [123]

„Die Kampagne Fragemauer unterstütze ich sehr gerne, da sie deutlich macht, wie unglaublich vielfältig jüdisches Leben ist.“

KATJA DÖRNER,

Oberbürgermeisterin der Stadt Bonn

FRAGE 9: IST MAZZE EIN JÜDISCHER JUNGENNAME?

Nein, Mazze ist ungesäuertes Brot, das zu Pessach gegessen wird.

Pessach ist ein mehrtägiges jüdisches Fest. Jesus feierte vor seiner Kreuzigung mit dem letzten Abendmahl das Pessachfest. Das christliche Osterfest baut darauf auf und erinnert an die Kreuzigung und Auferstehung Jesu. Entsprechend findet Ostern etwa zur gleichen Zeit wie Pessach statt.

Mazze, also ungesäuertes Brot, hat dabei eine besondere Bedeutung. An Pessach wird an die Befreiung der Israeliten aus der Sklaverei und den Auszug aus Ägypten erinnert. Die Legende besagt, dass die Menschen beim schnellen Verlassen Ägyptens keine Zeit hatten, den Brotteig gehen zu lassen. Daher konnten sie nur ungesäuertes und hefefreies Brot wie die Mazzen, die nur aus Mehl und Wasser hergestellt werden, mit auf ihre lange Reise nehmen. Heute wird Pessach oft mit einem Frühjahrsputz verbunden, denn zu Beginn des Festes soll kein Krümel von gesäuertem Brot oder anderen gesäuerten Getreidewaren mehr im Haus zu finden sein. In Israel wird zu dieser Zeit in vielen Supermärkten kein Brot verkauft und die Brot- und Keksabteilung für alle Einkäufer abgesperrt.

In der Woche, die auf den ersten Abend des Pessachfestes (Sederabend) folgt, werden neben Mazze-Brot nur ungesäuerte und weizen- sowie hefefreie Speisen gegessen. Auch in Deutschland kann man in bestimmten Läden Mazzen kaufen.[124] [125] [126] [127]

FRAGE 469: WAS IST DIE BAR MITZWA?

Bei einer Bar Mitzwa werden junge Juden offiziell in die jüdische Gemeinschaft aufgenommen und ab diesem Zeitpunkt als religiös mündig anerkannt.

Mit der Bar Mitzwa, beziehungsweise Bat Mitzwa für Mädchen, werden jungen Juden im Sinne des jüdischen Religionsgesetzes (Halacha) alle Rechte und Pflichten eines Mitglieds der jüdischen Gemeinschaft zugesprochen. Übersetzt bedeutet Bar oder Bat Mitzwa daher auch Sohn oder Tochter des Gebots.

Die Bar Mitzwa findet am Schabbat nach dem 13. Geburtstag eines Jungen und nach dem 12. Geburtstag eines Mädchens statt. Dabei wird der genaue Tag nach dem jüdischen Kalender berechnet, der sich vom herkömmlichen gregorianischen Kalender unterscheidet. Am Tag der Bar Mitzwa wird der Junge zum ersten Mal dazu aufgerufen, den jeweiligen Wochenabschnitt aus der Tora vorzulesen. Danach halten der Junge und sein Rabbiner eine kurze Rede. Abgeschlossen wird der Gottesdienst mit einer kleinen feierlichen Mahlzeit, auch Kiddusch genannt, an dem alle Gemeindemitglieder teilnehmen können. Manche Familien feiern nach dem offiziellen Teil in der Synagoge auch noch am Abend zu Hause mit Freunden weiter.

Wie genau diese Feier stattfindet, kann sich von Gemeinde zu Gemeinde unterscheiden. So dürfen in liberalen Gemeinden auch junge Mädchen bei ihrer Bat Mitzwa das erste Mal einen Absatz aus der Tora vorlesen, während dies in orthodoxen Gemeinden ausschließlich den männlichen Gemeindemitgliedern vorbehalten bleibt.[128] (→ Frage 608, Seite 103)

FRAGE 19: WER, WAS ODER WO IST JOM KIPPUR?

Es ist das Versöhnungsfest, der höchste Feiertag für Juden in aller Welt.

Im Judentum wird unter dem Namen Jom Kippur einmal im Jahr das Versöhnungsfest begangen. Dieses beginnt wie alle jüdischen Feiertage bei Sonnenuntergang mit dem traditionellen Anzünden der Festtagskerzen. Da an Jom Kippur gefastet wird, ist es ratsam, vor Beginn des Feiertags eine letzte Mahlzeit abzuhalten. Traditionell findet dies im Kreis der Familie statt. An diesem Tag reflektieren Juden ihre eigene Beziehung zu Gott und ihren Mitmenschen, bitten um Verzeihung und tun Buße für begangene Fehler.

Da Jom Kippur ein Tag der Enthaltung ist, wird auf viele weitere Dinge verzichtet. Es wird nicht nur gefastet, sondern beispielsweise auch vom Autofahren, Fernsehschauen oder dem Auftragen von Parfüm und Make-up abgesehen. Viele tragen zudem weiße Kleidung und beten in Synagogen. Auch der Besuch der Mikwe, dem rituellen jüdischen Bad, steht bei einigen Juden auf dem Programm. Dabei geht es darum, gegenüber Gott so rein wie möglich auftreten zu können.

Jom Kippur findet immer zehn Tage nach dem jüdischen Neujahrsfest statt, das auch Rosch ha-Schana genannt wird. Wie genau das Versöhnungsfest gefeiert wird, hängt von den jeweiligen Familientraditionen ab.[129 130 131]

FRAGE 502: KÖNNEN JUDEN AUCH WEIHNACHTEN FEIERN?

Zum jüdischen Glauben und der traditionellen jüdischen Praxis gehört Weihnachten nicht. Aber natürlich können Juden Weihnachten feiern, genauso wie nichtjüdische Menschen Chanukka feiern können.

Dafür gibt es oft unterschiedliche Gründe. Weihnachten ist in vielen Ländern, in denen Juden leben, ein wichtiger Teil der Kultur und des gesellschaftlichen Lebens. So nehmen einige Juden an den Weihnachtsfeierlichkeiten teil, um Zeit mit ihren nichtjüdischen Freunden und Familienmitgliedern zu verbringen. In gemischten Familien, in denen ein Partner jüdisch und der andere christlich ist, kann es auch vorkommen, dass sowohl Weihnachten als auch jüdische Feiertage gefeiert werden, um beiden Religionen gerecht zu werden.

An vielen Orten wird heutzutage auch „Weihnukka“ gefeiert. Denn auch wenn Weihnachten und Chanukka nicht denselben religiösen und historischen Hintergrund haben, fallen die Feiertage oft zeitlich zusammen. Bei einer Weihnukka-Feier können so Menschen mit unterschiedlichem religiösen Hintergrund zusammen Zeit verbringen und auch in einen interreligiösen Dialog treten.[132] [133] [134] (→ Frage 16, Seite 58)

FRAGE 730: IST ES NACH DER HALACHA GESTATTET, KATZEN IM HAUS ZU HABEN?

Ja, nach dem jüdischen Religionsgesetz ist es erlaubt, Katzen zu Hause zu halten.

In der Halacha sind die jüdischen Rechtsvorschriften gesammelt, die über Jahrhunderte entstanden sind und in verschiedenen Büchern zusammengetragen wurden. Darin gibt es keine spezifischen Vorschriften zur Tierhaltung. Es existieren aber all-

gemeine Prinzipien, die darauf anwendbar sind. Die Tora lehrt, dass man Tiere respektvoll behandeln soll, und es gibt Verbote gegen Grausamkeit gegenüber Tieren. Die Bedürfnisse der Katze müssen erfüllt werden, zum Beispiel durch passendes Futter und ein Umfeld, in dem sich die Katze wohlfühlt.

Am Schabbat dürfen Juden nicht arbeiten. Je nach religiöser Auslegung verstehen manche darunter auch das Füttern von Haustieren. Es gibt aber Lösungen, mit denen die Haustiere trotzdem an ihr Futter kommen, zum Beispiel durch Futterautomaten.

Die Haltung von Haustieren war bei Juden lange unüblich. Dafür gab es einen einfachen Grund: Katzen und Hunde gelten nach religiösen Vorschriften als unrein. Sie sind keine Wiederkäuer und haben auch keine gespaltenen Hufe. Heute ist es aber auch unter Juden keine Ausnahme mehr, eine Katze oder einen Hund zu besitzen.[135] [136] [137]

ISRAEL

FRAGE 1: WARUM GIBT ES DEN MODERNEN STAAT ISRAEL?

Israel wurde 1948 als Zufluchtsort für Juden aus aller Welt gegründet.

Die Gründung des modernen Staates Israel basiert auf dem über die Jahrhunderte anhaltenden Bestreben des jüdischen Volkes, an seinen historischen Ursprungsort, die Region des biblischen Israels, zurückzukehren. Die zionistische Bewegung, die sich eine Staatsgründung zum Ziel setzte, entstand Ende des 19. Jahrhunderts als Reaktion auf das zunehmend antisemitische Klima in Europa.

Nach dem Holocaust, bei dem rund sechs Millionen Juden ermordet wurden, und dem Ende des Zweiten Weltkriegs fanden sich die Vereinten Nationen in einer Sondersitzung zusammen, um einen Staat zu schaffen, in dem Juden eine demokratische Mehrheit bilden würden. Dieser sollte als sicherer Zufluchtsort für die Überlebenden der Judenverfolgung in Europa, sowie für Juden aus aller Welt, dienen. Die zweite UN-Vollversammlung stimmte am 29. November 1947 für die Beendigung des seit 1920 geltenden britischen Mandats für die Region Palästina und für die Schaffung eines arabischen sowie eines jüdischen Staates. Das bisherige Völkerbundmandat für Palästina endete daraufhin am 14. Mai 1948.

Am selben Tag rief David Ben Gurion, später der erste Premierminister des Landes, die Gründung des Staates Israel aus. Die arabische Seite lehnte den UN-Teilungsplan ab. Einen Tag später wurde Israel von den Streitkräften Ägyptens, Transjordaniens, Syriens, des Libanon und des Irak angegriffen. Israel gewann diesen ersten arabisch-israelischen Krieg.[138] [139] [140]

FRAGE 588: IST JÜDISCHSEIN EINE RELIGION ODER EINE NATIONALITÄT?

Jüdischsein kann sowohl als religiöse als auch als ethnische Zugehörigkeit verstanden werden. Eine Nationalität ist Jüdischsein nicht.

Auf der einen Seite ist das Judentum eine Religion. Es basiert auf den Lehren der Tora und anderer religiöser Schriften und umfasst Glaubensgrundsätze, Gottesdienste, Feste und Rituale. Die religiöse Praxis und der Glaube sind für viele Juden ein zentraler Aspekt ihrer Identität.

Andererseits wird Jüdischsein oft auch als ethnische Zugehörigkeit verstanden. Dies ist auf die lange Geschichte des jüdischen Volkes zurückzuführen, das über Jahrtausende eine gemeinsame kulturelle, historische und sprachliche Identität entwickelt hat – ganz unabhängig davon, wo auf der Welt Juden gelebt haben. Dieses Zugehörigkeitsgefühl zu einem Volk ist für viele Juden ebenso wichtig oder sogar bedeutsamer als der religiöse Aspekt. Hinzu kommt der Begriff der „jüdischen Nationalität" im Zusammenhang mit dem Staat Israel.[141] [142] [143]

„In Deutschland gibt es leider zu wenig Wissen über jüdisches Leben und bei vielen Menschen kaum Berührungspunkte mit dem Judentum. Deshalb ist die Kampagne Fragemauer so wichtig. Sie hilft, Vorurteile abzubauen und sich mit jüdischem Leben zu beschäftigen."

BELIT ONAY,

Oberbürgermeister der Stadt Hannover

FRAGE 5: SPIELEN ISRAELIS AUCH REISE NACH JERUSALEM?

Ja, aber das Spiel heißt dort „Musikalische Stühle“.

Somit dürfte das Spiel „Reise nach Jerusalem“ unter diesem Namen wohl den wenigsten Israelis bekannt sein. Woher der Name des Spiels jedoch tatsächlich stammt, ist nicht bekannt. Es gibt eine Vermutung, dass der Name aus der Zeit stammt, als viele Juden Europa in Richtung des Mandatsgebietes Palästina verlassen wollten und das Platzangebot auf den Schiffen begrenzt war.

Interessanterweise wird das Spiel in den ostdeutschen Bundesländern auch „Stuhltanz“, in Österreich „Reise nach Rom“ und in der Schweiz „Sesseltanz“ genannt. Viele andere Sprachen verwenden dagegen, wie auch im Hebräischen, eine Übersetzung von „Musikalische Stühle“, um dieses Spiel zu benennen.[144] [145] [146] [147]

FRAGE 644: WAS IST EIN KIBBUZ?

Ursprünglich ist ein Kibbuz eine ländliche Kollektivsiedlung mit gemeinschaftlichem Eigentum, die sich durch eigene Arbeitskraft und eigene materielle Ressourcen aufrechterhält.

Der Begriff Kibbuz stammt aus dem Hebräischen und bedeutet „Versammlung“ oder „Sammelplatz“. Kibbuzim (Plural von Kibbuz) wurden zu Anfang des 20. Jahrhunderts im Rahmen der zionistischen Bewegung gegründet, um das Land zu kultivieren, gemeinschaftlich zu leben und eine sozialistische Lebensweise zu fördern.

Die Mitglieder eines Kibbuz teilen traditionsgemäß Eigentum, Ressourcen und Arbeit. Die Entscheidungen werden oft demokratisch getroffen und die Gewinne gleichmäßig unter den Mitgliedern verteilt.

Ursprünglich waren Kibbuzim stark auf Landwirtschaft ausgerichtet, aber im Laufe der Zeit haben sich viele von ihnen diversifiziert und sind in verschiedene Wirtschaftszweige wie Industrie, Dienstleistung und Technologie expandiert. Trotzdem haben einige Kibbuzim ihre landwirtschaftlichen Wurzeln bewahrt. Heute sind fast alle Kibbuzim privatisiert. Auch wenn der Gemeinschaftssinn noch immer im Vordergrund steht, wurden die strengen sozialistischen Vorstellungen weitestgehend abgebaut. Während zum Zeitpunkt der Gründung des Staates Israel etwa 8 Prozent der Bürger Israels in einem Kibbuz wohnten, sind es heutzutage noch etwa 1,8 Prozent der Bevölkerung.[148] [149] [150]

FRAGE 84: IST HEBRÄISCH EINE TOTE SPRACHE?

Nein, Hebräisch wird heutzutage von über neun Millionen Menschen gesprochen – und das nicht nur in Israel.

Hebräisch gilt als eine der ältesten Sprachen der Welt, die heute in unterschiedlichen Formen Verwendung findet. Althebräisch spielt vorrangig noch in Gottesdiensten und für das Studium der Tora oder der Bibel eine Rolle. Da die Texte der Heiligen Schrift auf Althebräisch verfasst sind, lernen viele Menschen die alte

Sprache, um sich mit diesen Texten intensiv auseinandersetzen zu können.

Auf israelischen Straßen hört man heutzutage vor allem modernes Hebräisch, auch Ivrit genannt. Dies ist die Amtssprache Israels. Es sprechen aber nicht nur Israelis modernes Hebräisch. Auch andere Menschen lernen die Sprache, um sich beispielsweise in Israel verständigen zu können. So wird auch modernes Hebräisch an einigen (Volks-) Hochschulen und Sprachschulen in Deutschland unterrichtet.[151] [152] (→ Frage 243, Seite 102)

FRAGE 510: KANN MAN ALS DEUTSCHER NACH ISRAEL EINWANDERN?

Ja, Deutsche können grundsätzlich auch nach Israel einwandern. Wenn sie nicht jüdisch sind, wird es allerdings sehr schwierig.

Israel hat verschiedene Einwanderungskategorien und -programme, die es Menschen unterschiedlicher Nationalitäten und religiöser Hintergründe ermöglichen, im Land zu leben. Während das Alija-Programm speziell für jüdische Einwanderer konzipiert ist und bestimmte Vorteile bietet, gibt es auch Einwanderungswege für Nichtjuden. Juden, die ihre Alija nach Israel vollziehen, werden in der Regel automatisch israelische Staatsangehörige, wohingegen die Einbürgerung von Nichtjuden an zahlreiche Voraussetzungen gebunden und sehr schwierig ist.

Alija ist ein hebräisches Wort, das die Einwanderung von Juden nach Israel beschreibt. Die Alija ist ein zentrales Konzept in der zionistischen Idee, welche die Rückkehr des jüdischen Volkes in das historische Land Israel unterstützt und fördert. Einwanderer, die nicht jüdischen Glaubens sind, können beispielsweise durch Familienzusammenführung, Arbeitsangebote oder Studium nach Israel kommen. Die genauen Bestimmungen können sich je nach aktueller Rechtslage ändern.[153] [154] [155]

FRAGE 506: IST SHAKSHUKA EIN ISRAELISCHES ODER EIN ARABISCHES GERICHT?

Beides. Denn die Herkunft dieses in Israel sowie in arabischen Ländern beliebten Gerichts ist nicht eindeutig geklärt.

Sowohl Israel als auch verschiedene arabische Länder beanspruchen die Erfindung von Shakshuka für sich. In Israel ist die Mischung aus pochierten Eiern, die in einer Sauce aus Tomaten, Chili und Zwiebeln serviert werden, zu einem sehr beliebten Gericht geworden und wird entsprechend oft als Teil der landeseigenen Küche betrachtet. Es wird angenommen, dass das Gericht aus Nordafrika nach Israel gebracht wurde. Seitdem hat es sich in der gesamten Region verbreitet und unterschiedliche Variationen angenommen. Arabische Länder haben ihre eigenen Versionen von Shakshuka, welche oft lokale Zutaten und Gewürze widerspiegeln.

Shakshuka ist somit ein Gericht mit vielfältigen regionalen Varianten, welches in verschiedenen Kulturen im Nahen Osten und Nordafrika zu finden ist.[156 157 158]

FRAGE 636: WARUM HEISST ES DER „JÜDISCHE" STAAT ISRAEL?

Der Zusatz „jüdisch" verdeutlicht, dass der Staat Israel als Zufluchtsort für alle Juden weltweit gegründet wurde und mit einer mehrheitlich jüdischen Bevölkerung weiterhin als Nationalstaat Bestand haben muss, um Juden effektiv schützen zu können. (→ Frage 166, Seite 92)

Auch vor der offiziellen Staatsgründung Israels galt das Land aufgrund seiner historischen, religiösen und traditionellen Verbindungen zum Judentum als zentraler Sehnsuchtsort in der jüdisch-kollektiven Wahrnehmung. Mit dem Ausrufen der Unabhängigkeit am 14. Mai 1948 entstand somit nicht nur ein Zufluchtsort, der Juden aus aller Welt Schutz vor Antisemitismus und Diskriminierung bieten sollte. Darüber hinaus erhielten Juden auch die Möglichkeit zur nationalen Selbstbestimmung in einem eigenen Staat. Die Bezeichnung Israels als jüdischer Staat impliziert somit zwei mögliche Auffassungen:

1. Israel als ein Staat, in dem Juden die demografische Mehrheit bilden und dadurch sowohl physisch als auch gesellschaftspolitisch vor antisemitischen Übergriffen und Ausgrenzung geschützt sind.

2. Israel als Nationalstaat des jüdischen Volkes, dessen nationale Identität jüdisch ist. Der primär jüdische Charakter des Staates zeigt sich beispielsweise in der Festlegung der staatlichen Symbole sowie den nationalen Feier- und Gedenktagen.[159 160]

FRAGE 452: SIND PALÄSTINENSER AUS DEM WESTJORDANLAND UND DEM GAZASTREIFEN ISRAELIS?

Das Westjordanland und der Gazastreifen bilden, trotz territorialer und politischer Spaltung, gemeinsam die Palästinensischen Autonomiegebiete. Palästinenser in diesen Gebieten identifizieren sich nicht als Israelis und haben, bis auf wenige Ausnahmen im Westjordanland, auch keine israelische Staatsbürgerschaft.

Währenddessen leben innerhalb Israels heute rund zwei Millionen Palästinenser mit israelischer Staatsbürgerschaft. Die Menschen in der Region blicken dabei zurück auf eine komplexe Geschichte voller Krisen und Kriege. Nach der Gründung des Staates Israels am 14. Mai 1948 wurde das Land von den Armeen Ägyptens, Transjordaniens, Syriens, des Libanon sowie des Irak angegriffen. Der junge Staat konnte sich in diesem Unabhängigkeitskrieg behaupten. 1949 kam es unter der Vermittlung der UN zu mehreren bilateralen Waffenstillstandsabkommen zwischen Israel und seinen arabischen Nachbarn, die den UN-Teilungsplan von 1947 allerdings weiterhin ablehnten. Das Westjordanland wurde dennoch zunächst unter jordanische Kontrolle gestellt, der Gazastreifen unter ägyptische Herrschaft. Beide Gebiete wurden so zu den territorialen Einheiten, die wir heute kennen.

Die territoriale Trennung ging allerdings nicht direkt mit der heutigen politischen Spaltung einher. Jassir Arafat gründete 1959 die säkular-nationalistische Fatah-Partei. Sie wurde schnell zur stärksten Fraktion der 1964 gegründeten Palästinensischen Befreiungsorganisation (PLO). Zunächst als militante Guerilla-Organisation gegründet, wandte die PLO sich im Zuge des Osloer Friedensprozesses in den 1990er Jahren vom Terrorismus ab. Das Problem: Obwohl die PLO sich seit jeher als alleiniger Interessenvertreter der Palästinenser versteht, war dies faktisch nie der Fall.

Im Gazastreifen war von Beginn an die Muslimbruderschaft einflussreich, die sich für islamische Reformen und gegen Fremdbestimmung einsetzte. Im Zuge der Ersten Intifada 1987 gründete sich die Hamas als ihr radikaler Ableger, der anstrebt, Israel auszulöschen und durch einen islamischen Staat zu ersetzen. Als nach dem Tod des PLO-Gründers Arafat im Jahr 2004 ein Machtvakuum innerhalb der palästinensischen Bewegung entstand, füllte die Hamas dies erfolgreich und gewann die Wahlen 2006 im Westjordanland und Gaza überraschend mit absoluter Mehrheit. Im darauffolgenden Jahr kam es zum blutigen Bruch zwischen Hamas und Fatah. Seither kontrolliert die radikal-islamistische Terrororganisation Hamas den Gazastreifen, während die Fatah-Partei unter Präsident Abbas im Westjordanland regiert. In beiden Gebieten gab es seit 2006 keine Wahlen mehr.[161] [162] [163] [164] [165] (→ Frage 166, Seite 92)

FRAGE 15: HÖRT MAN HELENE FISCHER AUCH IN ISRAEL?

Manchmal, doch eher hört man Sarit Hadad.

Sobald man nach Israel kommt, ist man von neuen Klängen und unbekannten Rhythmen umgeben. Hier hat sich in den letzten Jahrzehnten eine eigene und sehr individuelle Musikszene entwickelt, die auch über Israel hinaus Bekanntheit erlangt hat. In israelischen Liedern vermischen sich zum Beispiel Flucht- und Emigrationserfahrungen mit den alltäglichen Gefühlen des Lebens in Israel. Da die Einwohner des Staates oftmals sehr unter-

schiedliche Biografien haben, spiegelt sich dies auch in der Musik wider. So gibt es viele israelische Musiker, die auf Hebräisch und Arabisch musizieren – manchmal sprechen und singen sie auch beide Sprachen zusammen in einem Lied.

Es gibt auch israelische Stars, die überall im Land und darüber hinaus Bekanntheit erlangt haben. Dazu zählen unter anderem Sarit Hadad, Yuval Dayan, Aviv Geffen und Arik Einstein. Netta Barzilai gelang es 2018 beim Eurovision Song Contest sogar, sich gegen alle anderen Kontrahenten durchzusetzen und den Musikwettbewerb zu gewinnen. Achinoam Nini, weltweit als Noa bekannt, ist der größte internationale Star Israels. Natürlich wird in Israel auch Musik von internationalen Berühmtheiten gehört, womöglich auch von Helene Fischer.[166] [167]

FRAGE 385: WARUM GIBT ES NOCH KEINEN STAAT PALÄSTINA?

Während einige Staaten Palästina bereits als Staat anerkennen, tun andere dies bisher nicht. Dies liegt an den international anerkannten Kriterien für Staatlichkeit sowie am Ausbleiben einer Einigung auf eine umfassende Zwei-Staaten-Lösung.

Bisher erkennen 138 der 193 UN-Mitgliedsstaaten Palästina als Staat an. Zu den Ländern, die dies nicht tun, gehören beispielsweise Deutschland, Großbritannien und die USA. Die Zurückhaltung einiger Staaten basiert auf der Debatte, ob die palästinensischen Gebiete die Kriterien eines souveränen Staates erfüllen. Nach der Montevideo-Konvention muss ein Staat über ein klar definiertes Territorium, eine ständige Bevölkerung, eine Regierung und die Fähigkeit verfügen, mit anderen Staaten Beziehungen zu unterhalten. Die konstitutive Theorie ergänzt, dass ein Staat auch von anderen Staaten anerkannt werden muss.

Seit der Gründung Israels 1948 wurden zahlreiche Bemühungen unternommen, durch Verhandlungen eine friedliche Lösung und die Errichtung eines palästinensischen Staates zu erreichen. Dazu zählten internationale Konferenzen, Friedensinitiativen und direkte Gespräche. Ein bedeutender Schritt waren die Osloer Abkommen in den 1990er Jahren, die zur Gründung der Palästinensischen Autonomiebehörde und zu palästinensischer Selbstverwaltung in bestimmten Gebieten führten. Dennoch sind zentrale Streitfragen wie die Grenzziehung, Ansprüche auf Jerusalem als Hauptstadt sowie Sicherheitsbedenken weiterhin ungelöst.

Obwohl es in den letzten dreißig Jahren immer wieder Fortschritte und temporäre Waffenstillstände gab, wurden Vorschläge für eine Einigung mehrfach und überwiegend von palästinensischer Seite abgelehnt oder nicht weiterverfolgt. Israel zeigte dabei mehrmals die Bereitschaft, große Gebiete an die Palästinenser abzugeben. Dazu zählen auch die vollständige Räumung jüdischer Siedlungen und die Übergabe des Gazastreifens an die Palästinensische Autonomiebehörde 2005.

Trotz allem befürwortet die überwiegende Mehrheit der Staaten, einschließlich Deutschlands sowie der Mehrzahl der politischen Parteien in Israel, weiterhin eine Zwei-Staaten-Lösung, welche die Schaffung eines palästinensischen Staates neben Israel vorsieht. Diese soll jedoch zwischen den beiden Parteien ausgehandelt werden, was bislang nicht gelungen ist. [168] [169] [170]

„Es gibt 2.641 gute Antworten auf Antisemitismus, Hass, Diskriminierung und Unwissen. Und noch so viele mehr. Das zeigt dieses Projekt ganz deutlich.“

PHILIP KRÄMER,

Mitglied des Deutschen Bundestags

FRAGE 56: WELCHE ERFINDUNGEN KOMMEN AUS ISRAEL?

In der Startup-Nation Israel wurde schon so einiges entwickelt, was aus dem alltäglichen Leben nicht mehr wegzudenken ist.

Heute gibt es mehr als 7.200 junge Technologiefirmen in Israel. Aufgrund der Vielzahl sowie der hohen Dichte wird das Land oft auch als Startup-Nation bezeichnet. Israelische Software und Hardware konnten sich in den vergangenen Jahren stark profilieren und mit israelischer Chuzpe vielfach gegenüber der internationalen Konkurrenz durchsetzen. (→ Frage 337, Seite 21)

Mangels natürlicher Ressourcen setzte man in Israel frühzeitig auf Bildung, Technologie sowie eine innovationsfreundliche Regulierung. So ist heute beispielsweise das Gesundheitswesen in der Digitalisierung weltweit mit führend. Grundsätzlich kommen viele Hightech-Produkte aus Tel Aviv und Jerusalem. Bekannte Beispiele für Innovationen der israelischen Gründerszene sind die interaktive Navigations-App *Waze*, die 2013 von Google aufgekauft wurde, das Website-Gestaltungstool *Wix*, mit der Webseiten schnell und günstig erstellt werden können, oder auch *Mobileye*, welches kamerabasierte Sicherheitssysteme für Autos unterschiedlicher Hersteller anbietet und 2017 von Intel übernommen wurde.

Weltweit noch viel bekannter ist heutzutage der USB-Stick, welcher 1999 vom Israeli Dov Moran zum Patent angemeldet wurde.

Ebenso wurde die weltweit verwendete Tröpfchenbewässerung in Israel erfunden – bereits in den 1960er Jahren. Auch die bei uns beliebte Kirschtomate wurde in Israel gezüchtet. 1973 präsentierten Wissenschaftler am Landwirtschaftlichen Institut der Hebräischen Universität erstmals das leckere Gemüse.[171] [172] [173] [174] [175]

FRAGE 166: GIBT ES EINE ZWEI-STAATEN-LÖSUNG, UM DEN KONFLIKT ZWISCHEN ISRAELIS UND PALÄSTINENSERN ZU BEENDEN?

Aktuell gibt es keinen Vorschlag für eine Zwei-Staaten-Lösung, mit der alle betroffenen Parteien einverstanden wären.

Die Idee, den territorialen Konflikt im Nahen Osten in Form von zwei Staaten zu lösen, ist schon sehr alt. Bereits im Jahr 1936 war die sogenannte Peel-Kommission von der britischen Mandatsregierung eingesetzt worden, um die Situation im Mandatsgebiet zu evaluieren. Diese kam zu dem Ergebnis, dass Juden und Araber im Mandatsgebiet ihren jeweils eigenen Staat benötigten. Diese Idee wurde mit zeitlichem Abstand erneut durch den UN-Teilungsplan von 1947 aufgegriffen. Der Teilungsplan wurde allerdings von arabischer Seite abgelehnt. Während des im Jahr 1993 begonnenen Osloer Friedensprozesses hatte man erste Verhandlungserfolge erzielt, zu einer von beiden Seiten akzeptierten Lösung kam es jedoch nie. Dafür gibt es vielfältige Gründe.

Während die palästinensische Seite Israel in den letzten Jahren unter anderem ein generelles Desinteresse an einer Zwei-Staaten-Lösung vorwirft, beanstanden die Israelis unter anderem das Fehlen eines legitimierten Verhandlungspartners, der für alle Palästinenser sprechen kann.

Durch den beispiellosen Terrorangriff der im Gazastreifen regierenden Hamas am 7. Oktober 2023 und dem darauffolgenden

Krieg scheinen Verhandlungen für eine Zwei-Staaten-Lösung derzeit in weite Ferne gerückt.[176] [177] [178] [179] [180]

FRAGE 11: SIND ALLE JUDEN ISRAELIS? SIND ALLE ISRAELIS JUDEN?

Nein, etwa die Hälfte aller Juden weltweit lebt in Israel. Ein Viertel aller Israelis ist nicht jüdisch.

Nicht alle Juden leben heutzutage in Israel, sondern oftmals seit vielen Generationen auf allen bewohnten Kontinenten. Dabei wird häufig der Begriff Diaspora verwendet, um auf die Vertreibung von Juden aus Jerusalem im Zuge der römischen Besatzung und die daraus resultierende Verstreuung auf der ganzen Welt seit mehr als 2.500 Jahren hinzuweisen.

Vor dem Nationalsozialismus gab es überall in Europa große jüdische Gemeinden, von denen heute nur noch wenige erhalten sind. Juden, denen die Flucht vor den Nationalsozialisten gelang, mussten nach Orten suchen, an denen sie in Frieden und Sicherheit leben konnten. So entwickelten sich im 20. Jahrhundert unter anderem große jüdische Gemeinden in den USA und Argentinien.

Nach 1948 suchten auch viele Juden im neu gegründeten Staat Israel eine sichere Heimat. So ist Israel heutzutage das einzige

Land der Welt, in dem Juden die Mehrheit der Gesamtbevölkerung bilden. Die anderen Religionen und Ethnien machen in Israel etwa 25 Prozent der Gesamtbevölkerung aus (18,1 Prozent Muslime, 1,9 Prozent Christen, 1,6 Prozent Drusen sowie 4,8 Prozent Sonstige).[181] [182] [183]

FRAGE 727: WAS IST DER UNTERSCHIED ZWISCHEN ZIONISTEN UND JUDEN?

Juden sind Anhänger des Judentums, der ältesten monotheistischen Religion der Welt und bilden außerdem das jüdische Volk. Zionisten unterstützen den Zionismus, eine politische Bewegung, die sich für die Errichtung und Unterstützung eines jüdischen Staates in der historischen Heimat des Volkes Israel einsetzt.

Das Judentum, entstanden vor etwa 3.000 Jahren, ist die erste monotheistische Religion und umfasst eine tiefe religiöse, kulturelle und ethnische Identität. Seine Anhänger folgen den Lehren der Tora und teilen eine gemeinsame Geschichte und Tradition.

Der Zionismus ist eine politische Bewegung und Ideologie, die Ende des 19. Jahrhunderts mit dem Ziel entstand, einen souveränen jüdischen Staat im biblischen Land Israel zu gründen und Juden eine sichere Heimat zu bieten. Die Bewegung entwickelte sich als Antwort auf den weltweit verbreiteten Antisemitismus und die Verfolgung von Juden. Der Publizist und Schriftsteller Theodor Herzl gilt mit seinem Buch *Der Judenstaat* von 1896 als Schlüsselfigur.

Obwohl alle Juden eine gemeinsame religiöse und kulturelle Identität teilen, identifizieren sich nicht alle mit den politischen Zielen des Zionismus. Ferner sind nicht alle Zionisten Juden, da die Bewegung auch von Nichtjuden Unterstützung erhält, etwa von Millionen Evangelikalen in den USA. Schließlich sind nicht alle Bürger Israels jüdischen Glaubens oder Zionisten.[184] [185] [186] [187] [188]

FRAGE 540: WAS SAH DER BESCHLUSS DER UN FÜR DIE IN ISRAEL ANSÄSSIGE ARABISCHE BEVÖLKERUNG VOR?

Der sogenannte UN-Teilungsplan sah die Aufteilung des damaligen britischen Mandatsgebiets Palästina in einen jüdischen und einen arabischen Staat vor. Der arabischen Minderheit im jüdischen Staat wurden bei Staatsgründung Israels volle Bürgerrechte zugesprochen.

Am 29. November 1947 stimmte die Generalversammlung der Vereinten Nationen für Resolution 181, den UN-Teilungsplan. Der Beschluss besagte, dass das britische Völkerbundsmandat enden und zwei unabhängige Staaten entstehen sollten – ein jüdischer und ein arabischer. Arabern, die ihren Wohnsitz im neuen jüdischen Staat hatten, sollte dort die Staatsangehörigkeit mit allen damit einhergehenden Rechten gewährt werden. Die Unabhängigkeitserklärung Israels bestätigt diesen Willen des UN-Teilungsplans und wird bis heute so mit Leben gefüllt. Selbiger Anspruch des UN-Teilungsplans wurde auch für Juden definiert, die ihren Wohnsitz im künftigen arabischen Staat hatten.

Diskriminierung aufgrund von ethnischer Zugehörigkeit, Religion oder Sprache verbot das Dokument ausdrücklich. Vor der offiziellen Staatsgründung war für beide Gruppen die Möglichkeit vorgesehen, durch eine Erklärung auszudrücken, dass sie Staatsbürger des jeweils anderen Staates werden wollten. Arabern, die bereits im künftigen arabischen Staat und Juden, die bereits im künftigen jüdischen Staat lebten, stand dieses Recht nicht zu. Die Transitfreiheit zwischen beiden Staaten sowie der Zugang zu heiligen Stätten sollte stets aufrechterhalten werden.[189] [190] [191] (→ Frage 1, Seite 78; Frage 166, Seite 92)

FRAGE 574: WOHER KOMMEN DIE JUDEN?

Die Frage ist brisant, aber wissenschaftlich beantwortbar: Juden stammen aus dem Nahen Osten.

Zunächst einmal ist es wichtig zu verstehen, warum die Frage brisant ist: Zum einen argumentieren Kritiker Israels häufig, dass Juden im Nahen Osten Fremde seien, und demzufolge keinen Anspruch auf das Land hätten. Zum anderen finden viele Juden auf die Frage nach dem Ursprung Antworten in ihrem Glauben, dessen Anspruch per Definition nicht beweisbar ist. In der Debatte ist es daher konstruktiv, sich auf wissenschaftliche Erkenntnisse zu konzentrieren.

Auch diese widerlegen die Behauptung, dass Juden Fremde im Nahen Osten sind. So kommt beispielsweise der älteste Hinweis auf Juden als Volk, die Merenptah-Stele 1.200 v. d. Z., aus Ägypten. Auf ihr wird „Israel" zum ersten Mal außerbiblisch genannt. Aus dem frühen siebten Jahrhundert stammen zwei Silberrollen, die eine Kurzversion eines jüdischen Segens enthalten. Sie wurden südlich des Jerusalemer Tempelbergs gefunden und sind heute im Israel Museum in Jerusalem ausgestellt. Mit einem über 2.000 Jahre alten jüdischen Ritualbad (hebr. Mikwe) wurde 2020 auch eine Entdeckung aus der Zeit Jesu in Jerusalem gemacht.

Dies sind nur einige archäologische Beispiele, die eine jüdische Präsenz im Nahen Osten, auch historisch gesehen, belegen. Hinzu kommt, dass die moderne Genforschung aufzeigt, dass Juden auf der ganzen Welt mehr genetisches Material miteinander als mit ihrer nichtjüdischen Umgebung teilen und sich die Spuren der gemeinsamen Vorfahren in den Nahen Osten zurückverfolgen lassen.[192] [193] [194] [195] [196] [197]

FRAGE 790: BEGEHT ISRAEL EINEN GENOZID AN DEN PALÄSTINENSERN?

Nein. Israel wird immer wieder Genozid an den Palästinensern vorgeworfen – rechtlich haltbar waren diese Vorwürfe noch nie. Sie sollten daher nicht einfach bedenkenlos reproduziert werden.

Genozid ist ein völkerrechtlicher Straftatbestand, der sich über die Absicht, eine nationale, ethnische, oder religiöse Gruppe teilweise oder ganz zu vernichten, definiert. Sehr prominent hat Südafrika im Februar 2024 eine Völkermord-Klage gegen Israel beim Internationalen Gerichtshof eingereicht. Reproduziert wurde diese unter anderem durch den Filmemacher Ben Russell während der Preisverleihung der 74. Berlinale im Februar 2024.

Das lautstarke Erheben von entsprechenden Vorwürfen im öffentlichen Raum ist vor allem deswegen gefährlich, weil Terrororganisationen wie die Hamas darauf abzielen, öffentliche Debatten zu verzerren. Als Teil ihrer psychologischen Kriegsführungsstrategie streben sie an, ihre eigenen zahlreichen Kriegsverbrechen und Menschenrechtsverletzungen aus dem Fokus zu nehmen. Dazu können in diesem Fall beispielsweise die vorsätzliche Massentötung von Zivilisten, das Einsetzen systematischer sexueller Gewalt als Kriegsmittel sowie die Geiselnahmen am 7. Oktober 2023 gezählt werden. Stattdessen gehört es zur Strategie der Terroristen, israelische Militärhandlungen anzuprangern und in den Fokus der Debatte zu rücken.

Hinsichtlich des Genozidvorwurfs ist es dabei besonders perfide, dass die Hamas palästinensische Zivilisten bewusst als menschliche Schutzschilde einsetzt, um die Opferzahlen nach oben zu treiben und so dem Vorwurf gegenüber Israel international mehr Gewicht zu verleihen. Zu einer Dämonisierung Israels mischt sich so eine Form von Post-Schoah-Antisemitismus, bei der Israel zum vermeintlichen Täter wird. In diesem Zusammenhang ist es wichtig klarzustellen, dass Kritik an Aktionen der israelischen Armee durchaus berechtigt sein kann. Lautstarke Genozidvorwürfe allerdings fördern niemals einen produktiven Diskurs, sondern wirken antisemitisch-verzerrend, und stärken so schlussendlich nur barbarische Terrororganisationen wie die Hamas.[198] [199] [200] [201] [202] [203]

FRAGE 20: GIBT ES IM ISRAELISCHEN PARLAMENT NUR JUDEN?

Nein, es gibt zum Beispiel auch muslimische und christliche Abgeordnete.

Israel ist ein demokratisch verfasster Staat. Alle Staatsbürger besitzen mit Vollendung des 18. Lebensjahres das Wahlrecht und dürfen sich mit dem vollendeten 21. Lebensjahr auch als Abgeordnete zur Wahl stellen lassen. Das israelische Parlament, die Knesset, besteht aus 120 Abgeordneten, die für eine Legislaturperiode von vier Jahren gewählt werden. Nicht alle Abgeordneten sind Juden. In der 2022 gewählten 25. Knesset sitzen neben acht Muslimen auch eine Christin sowie ein Druse. Bereits in der ersten Knesset waren auch nichtjüdische Israelis vertreten.

Arabische Israelis besitzen dabei ihre eigenen Interessenvertretungen. Bei der vergangenen Wahl im November 2022 erlangten die Vereinigte Arabische Liste und die Liste Hadash-Ta'al jeweils fünf Sitze in der Knesset. Beide Parteien setzen sich explizit für die Belange von Muslimen, Christen, Beduinen und Drusen in Israel ein. Trotz der existierenden arabisch-orientierten Parteien ist die Wahlbeteiligung von arabischen Israelis bei Knesset-Wahlen im Allgemeinen sehr gering. Viele fühlen sich nicht hinreichend repräsentiert und entscheiden sich dafür, nicht an den Wahlen teilzunehmen.[204] [205] (→ Frage 11, Seite 93)

FRAGE 586: WARUM UNTERSTÜTZT DIE EU DAS HAMAS-GEBIET FINANZIELL?

Die EU ist der größte Geldgeber der Palästinensischen Autonomiebehörde. Zahlungen an die Hamas-geführte Zivilverwaltung im Gazastreifen erfolgen jedoch nicht direkt, da die Hamas seit 2003 auf der EU-Terrorliste steht.

Die EU engagiert sich seit dem Jahr 2000 durch Hilfsleistungen in den Palästinensischen Gebieten und damit auch im Gazastreifen. Dies änderte sich nicht, als die Hamas im Juni 2007 die Kontrolle über Gaza übernahm. Aus Sicht der EU ist dieses Vorgehen zur Wahrung der Menschenrechte notwendig. Hilfsgüter werden weiterhin sowohl über den Grenzübergang aus Ägypten als auch aus Israel in den Gazastreifen transportiert.

Intensiv wird diskutiert, inwiefern Zahlungen aus diesen Quellen über Umwege in die Hände der Hamas gelangen. Nach dem 7. Oktober 2023 leitete die EU dazu eine Untersuchung ein. Die Hilfsleistungen gehen an verschiedene Empfänger. Der wohl umstrittenste ist das UN-Hilfswerk für Palästina-Flüchtlinge im Nahen Osten (UNRWA), das in den letzten Jahren in mehrere Skandale verwickelt war. Unter anderem kam es zu Enthüllungen über antisemitische Lehrinhalte an Schulen in Trägerschaft des Hilfswerks. Auch sollen UNRWA-Mitarbeiter unmittelbar an den Angriffen des 7. Oktober auf Israel beteiligt gewesen sein. Mehrere Staaten, darunter Deutschland, schränkten daraufhin ihre finanziellen Hilfen ein oder verkündeten, diese bis zur vollständigen Aufklärung der Vorgänge einzustellen.[206 207]

FRAGE 8: WARUM IST ISRAEL BEI DER EM-QUALI DABEI?

Weil seine Nachbarn Israel (bisher) nicht mitspielen lassen.

Kurz nach der eigenen Unabhängigkeit 1948 beantragte der israelische Fußballverband den Eintritt in den Weltfußballverband FIFA. Trotz der offiziellen Aufnahme in den Verband und der Eingliederung in die Asiengruppe boykottierten viele Nationen in den darauffolgenden Jahren Spiele gegen die israelische Nationalmannschaft, so unter anderem Pakistan und Afghanistan, später auch die Türkei, Indonesien und der Sudan.

Der länderübergreifende Boykott machte es den israelischen Fußballspielern unmöglich, bei internationalen Turnieren in der Asiengruppe teilzunehmen. Die Situation spitzte sich so weit zu, dass Israel 1974, auf Antrag Kuwaits, offiziell aus dem

Asiatischen Fußballverband ausgeschlossen wurde. Daraufhin wechselte der jüdische Staat in unregelmäßigen Abständen zwischen verschiedenen Regionalverbänden hin und her. Erst 1991 konnte die notwendige Mehrheit für eine Satzungsänderung innerhalb der UEFA erreicht werden, die eine Aufnahme Israels ermöglichte. Seitdem ist das Land Teil der Europagruppe der FIFA und spielt zum Beispiel die EM-Qualifikation.

Generell ist festzuhalten, dass es weiterhin Staaten gibt, die Israel auch bei internationalen Wettbewerben wie den Olympischen Spielen boykottieren. So kam es schon häufiger vor, dass etwa iranische Sportler – zum Beispiel im Ringen oder Judo – eine Verletzung vortäuschten, damit sie nicht gegen israelische Athleten antreten mussten.[208] [209] [210] [211] [212]

FRAGE 113: GIBT ES ARABISCHE STAATEN, DIE EIN GUTES VERHÄLTNIS ZUM STAAT ISRAEL HABEN?

Ja, es gibt arabische Staaten, die ein gutes diplomatisches Verhältnis zum Staat Israel pflegen.

Israel hat unterschiedliche Partner auf der ganzen Welt. Einige davon sind geografisch weit entfernt, andere liegen ebenfalls im Nahen Osten. So unterzeichneten Israel und Ägypten schon 1979 unter Vermittlung der USA ein Friedensabkommen in Camp David, welches Ägypten zum ersten arabischen Land machte, das diplomatische Beziehungen mit Israel aufnahm. Es folgten weitere arabische Staaten: Jordanien und Israel nahmen 1994 diplomatische Beziehungen auf. Mauretanien war 1999 das dritte arabische Land, welches Israel anerkannte und offizielle Verbindungen aufnahm. Auch die Golf-Staaten Oman und Qatar zeigten Interesse an Beziehungen zum israelischen Staat und eröffneten bereits im Jahr 1996 Handelsvertretungen in Israel.

Mit den Abraham Accords knüpften seit Sommer 2020 schließlich die Vereinigten Arabischen Emirate, Bahrain und Sudan diplomatische Beziehungen mit Israel. Marokko reaktivierte in diesem Kontext seine zwischenzeitlich eingefrorenen Verbindungen mit Israel und bekundete, die wirtschaftliche und kulturelle Kooperation zur Förderung der regionalen Stabilität ausbauen zu wollen. Viele weitere arabische Staaten zeigen wirtschaftliches, kulturelles und wissenschaftliches Interesse an der Zusammenarbeit mit Israel und arbeiten an der Ausweitung ihrer diplomatischen Beziehungen mit dem Land.

Seit dem Terrorangriff der Hamas am 7. Oktober 2023 und dem dadurch ausgelösten Krieg haben jedoch mehrere arabische Staaten die Beziehungen zu Israel wieder eingefroren.[213 214 215 216]

FRAGE 243: WAS IST DER UNTERSCHIED ZWISCHEN JIDDISCH UND HEBRÄISCH?

Hebräisch und Jiddisch sind verschiedene Sprachen, die beide eng mit jüdischem Leben verbunden sind.

Modernes Hebräisch (Ivrit) ist die Amtssprache Israels. Es wird heutzutage von mehr als neun Millionen Menschen weltweit gesprochen. Dies ist ein wahres Wunder, da Hebräisch für fast zwei Jahrtausende keine Alltags- und Verkehrssprache war. Es diente überwiegend religiösen Zwecken, wie beispielsweise dem Lesen des Alten Testaments im

Original. Elieser Ben-Yehuda belebte Ende des 19. Jahrhunderts Hebräisch wieder und legte so das Fundament für modernes Hebräisch als blühende Alltags- und Verkehrssprache.

Jiddisch bezeichnet die ursprüngliche Alltagssprache der Juden aus Mittel- und Osteuropa. Es ist mit der deutschen Sprache eng verwandt; weist aber auch viele romanische, slawische und hebräisch-aramäische Einflüsse auf. Nicht ausreichend in der deutschen Erinnerungskultur verankert ist, dass 85 Prozent der jüdischen Opfer der Schoah Jiddisch-Muttersprachler waren. Glücklicherweise ist die jiddische Sprache sehr resilient. Heute sprechen wieder zwischen 0,5 und 1,5 Millionen Menschen weltweit Jiddisch. Allen voran ultraorthodoxe Juden, die Jiddisch als Alltagssprache benutzen, erhalten und entwickeln es weiter. Seit einiger Zeit ist es zudem unter (säkularen) jungen Juden im Trend, Jiddisch zu lernen.[217] [218] [219] [220]

FRAGE 608: STEHEN AN DER KLAGEMAUER AUCH FRÖHLICHE MENSCHEN?

Ja, die Klagemauer wird von Juden für verschiedene religiöse Ereignisse genutzt, auch für fröhliche.

Im Hebräischen wird sie deshalb meist schlicht Mauer (hebr. Kotel) genannt; der Klagebezug fehlt begrifflich. Die irreführende deutsche Bezeichnung stammt aus dem Mittelalter und basiert auf der Annahme, dass Juden an der Mauer die Zerstörung ihres

Tempels durch die Römer im Jahr 70 n. d. Z. beklagen. Für Juden ist die Mauer jedoch, als Überbleibsel des zweiten Tempels und damit heiligsten Ortes im Judentum, vor allem ein Ort des Gebets. Zudem fungiert sie als Symbol für den Lebenswillen, die Einheit und die Resilienz des jüdischen Volkes.

Zu dieser jüdischen Identität gehört auch Fröhlichkeit. Entsprechend feiern Familien an der Mauer beispielsweise die Bat Mitzwa ihrer Tochter (die jüdische Volljährigkeit bei Mädchen) oder die Bar Mitzwa ihres Sohnes (die jüdische Volljährigkeit bei Jungen).[221] [222] [223] (→ Frage 469, Seite 73)

FRAGE 68: IST ES ANTISEMITISCH, ISRAEL FÜR DEN UMGANG MIT DEN PALÄSTINENSERN ZU KRITISIEREN?

Nein. Solange die Kritik keine Form des israelbezogenen Antisemitismus annimmt. (→ Frage 430, Seite 106; Frage 541, Seite 129).

Dabei ist es vor allem wichtig im Kopf zu behalten, dass Israel generell disproportional stark kritisiert wird. So steht israelkritisch als Adjektiv im Duden, während man nach „russlandkritisch“ oder „irankritisch“ vergeblich sucht. Kritik sollte dementsprechend stets angemessen und diskursfördernd sein.[224] [225]

ANTISEMITISMUS

FRAGE 133: DARF MAN „JUDE“ ODER „JÜDIN“ SAGEN?

Ja, „Jude“ oder „Jüdin“ sind keine per se antisemitischen Begriffe und können und sollen im Sprach- und Schriftgebrauch wertfrei genutzt werden.

So führt zum Beispiel der Zentralrat der Juden in Deutschland, der größte Dachverband jüdischer Gemeinden und Landesverbände in Deutschland, die Begrifflichkeit selbst im Namen. Zwar stimmt es, dass die Begriffe Jude oder Jüdin, unter anderem im Nationalsozialismus, antisemitisch gebraucht wurden bzw. werden. Leider ist heute auch wieder „du Jude“ ein Schimpfwort auf deutschen Schulhöfen. Die Duden-Empfehlung, aufgrund dieses Missbrauchs im Sprach- und Schriftgebrauch eine alternative Konstruktion wie „jüdische Menschen“ zu nutzen, löste allerdings großen Protest innerhalb der jüdischen Community aus. Diese Empfehlung wurde daraufhin zurückgezogen.[226] [227]

FRAGE 430: WELCHE FORMEN VON ANTISEMITISMUS GIBT ES?

In der Wissenschaft gibt es viele Möglichkeiten, die unterschiedlichen Formen von Antisemitismus zu unterteilen. Eine Möglichkeit ist die Aufteilung in: Antijudaismus, moderner Judenhass, sekundärer Antisemitismus, israelbezogener Antisemitismus und struktureller Antisemitismus.

Antijudaismus ist die älteste Form des Antisemitismus. Häufig religiös begründet, werden diese Antisemitismen aus der römischen Antike und dem Mittelalter (wie zum Beispiel des Juden als „Brunnenvergifter“ oder „Gottesmörder“) bis heute verwendet. Der moderne Judenhass nährt sich teilweise aus den alten Bildern des Antijudaismus und macht Juden für alles Schlechte in der heutigen Welt verantwortlich. Von sekundärem Antisemitismus (oder Schuldabwehr-Antisemitismus) spricht man, wenn die Schoah-Erinnerung als Beschmutzung nationaler, deutscher Identität abgetan wird. Holocaust-Leugnung stellt davon eine Extremform dar. Die Delegitimierung, Dämonisierung, und Anwendung von Doppelstandards in Bezug auf Israel bezeichnet man als israelbezogenen Antisemitismus. Eine entsprechende Überprüfung wird auch als 3D-Test bezeichnet. Währenddessen beschreibt der strukturelle Antisemitismus ein Phänomen, bei dem Juden gar nicht explizit erwähnt werden. Hier wird verschwörungstheoretisch von „Eliten“ oder „Hochfinanz“ gesprochen, die für eine bestimmte Sache verantwortlich gemacht werden. 228 229 230 231 232

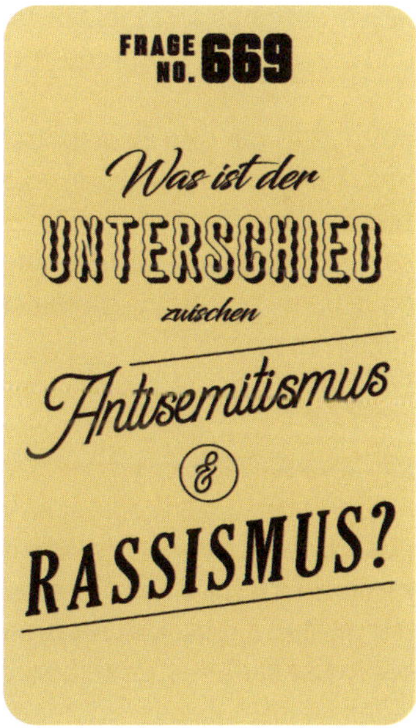

FRAGE 669: WAS IST DER UNTERSCHIED ZWISCHEN ANTISEMITISMUS UND RASSISMUS?

Antisemitismus und Rassismus sind beides Formen gruppenbezogener Menschenfeindlichkeit; Antisemitismus richtet sich spezifisch gegen Juden.

Antisemitismus und Rassismus unterscheiden sich vor

allem in ihrer Feindbildkonstruktion: Antisemiten stellen Juden oft als gefährlich und überlegen dar, als das Böse in der Welt, das beseitigt werden muss, um die Welt zu erlösen. Rassisten dagegen werten andere als minderwertig ab. In Debatten werden Antisemitismus und Rassismus als Formen gruppenbezogener Menschenfeindlichkeit teils künstlich gegeneinander ausgespielt, um Konkurrenz und Hass unter Minderheiten zu schüren. Diese hochproblematische Dynamik wird durch das im antirassistischen Diskurs weit verbreitete, schlicht falsche Deuten von Israelis als weißen Kolonialisten im Nahen Osten verstärkt.[233] [234] [235] [236]

FRAGE 561: WELCHES VORURTEIL DARF ICH HABEN, OHNE GLEICH JUDENHASSER ZU SEIN?

Bei Vorurteilen geht es nicht darum, ob man sie haben darf, sondern wie man mit ihnen umgeht. Es ist wichtig, sich kritisch mit ihnen auseinanderzusetzen, dabei Antisemitismen zu erkennen und diese nicht zu reproduzieren.

Vorurteile, die sich gesellschaftlich gegen Juden entwickelt haben, sollten nicht losgelöst vom geschichtlichen Entstehungskontext des Judenhasses betrachtet werden. So hält sich aufgrund der im Mittelalter stattgefundenen Spezialisierung vieler Juden auf Handel und Geldleihe bis heute das antisemitische Vorurteil, Juden seien besonders reich oder hätten größeren finanziellen Einfluss auf das Weltgeschehen. (→ Frage 66, Seite 119).

Ein anderes Stereotyp, welches aus der nationalsozialistischen Rassentheorie hervorging, ist die Behauptung, Juden wären genetisch bedingt eine „niedere Rasse“ und somit äußerlich erkennbar von anderen zu unterscheiden. Das oft verwendete Bild der großen „jüdischen Hakennase“ ist ein Beispiel hierfür.

Aufgrund dieser tiefen Verwurzelung von Antisemitismen in unserer Geschichte und Kultur ist es nicht ungewöhnlich, oft auch unbewusst, antisemitische Vorurteile zu haben. Sie machen einen nicht zum Judenhasser. Ein unreflektierter Umgang mit ihnen, der Antisemitismus verstärkt, allerdings schon. Es ist daher essentiell, antisemitische Vorurteile als solche zu erkennen und diese stets kritisch zu hinterfragen.[237 238]

FRAGE 223: WARUM SPRICHT MAN VOM AUSERWÄHLTEN VOLK?

Das Konzept des jüdischen Volkes als das von Gott auserwählte Volk hat seinen Ursprung in der Tora. Über die Jahrhunderte hat sich die Vorstellung jedoch stetig weiterentwickelt und nicht alle Juden verstehen darunter dasselbe.

Im Judentum wird der besondere Bund mit Gott als „brit" bezeichnet. Dieser wird im ersten Buch Mose als Vertrag des jüdischen Volkes mit Gott festgehalten. Die Auserwählung wird hier als Verpflichtung verstanden, religiös zu leben, und bezieht sich auf eine Passage in der Tora, in der Moses am Berg Sinai die Heilige Schrift offenbart wurde.

Oft wird die Bezeichnung von Juden als auserwähltem Volk aber auch missverstanden. Außenstehende nehmen Juden dann als überheblich und abgehoben war. Dabei ist die Erwählung des Judentums nicht als

Überheblichkeit oder Bessersein des jüdischen Volkes gemeint. Vor allem im traditionellen Judentum wird die dem jüdischen Volk zugeschriebene Rolle in der Religion als große Verpflichtung und moralische Verantwortung für die Gesellschaft betrachtet.[239] [240] [241] [242]

FRAGE 518: BETRIFFT ANTISEMITISMUS NICHT AUCH ANDERE „SEMITEN", WIE ARABER ODER ARAMÄER?

Antisemitismus richtet sich ausschließlich gegen Juden. Der aus den Sprachwissenschaften krude abgeleitete Begriff „Semit" hat fälschlicherweise Einzug in die Beschreibung von Völkern genommen. Semiten gibt es nicht und somit kann sich Antisemitismus auch nicht gegen nichtjüdische Araber oder Aramäer richten.

Im 19. Jahrhundert kreierte der bekennende Judenfeind Wilhelm Marr künstlich die Kategorie des Semiten, um sich und andere Judenfeinde als Gegenpol dazu, eben als Antisemiten, definieren zu können. Er übertrug dabei eine rein sprachwissenschaftlich-relevante Kategorie auf den Menschen, um seinen Judenhass begrifflich zu verpacken und vermeintlich wissenschaftlich legitimieren zu können. Die Kategorie „Semit" hatte allerdings nie eine wissenschaftliche Basis und Antisemitismus richtet sich wie dargelegt seit jeher spezifisch und ausschließlich gegen Juden. Die Argumentation, dass Araber und Juden eine gemeinsame semitische Identität hätten und Araber daher nicht antisemitisch sein können, ist schlichtweg falsch. Sie dient oft dazu, von real existierendem Antisemitismus abzulenken und den Diskurs undurchsichtig zu machen.[243] [244]

„Gerade jetzt braucht es eine Kampagne, die umfangreich über Israel und jüdisches Leben informiert. Die Fragemauer von ELNET kommt da genau richtig."

ARYE SHARUZ SHALICAR,

Schriftsteller

FRAGE 758: DÜRFEN JUDEN NUR BESTIMMTE ARBEITEN VERRICHTEN?

Nein, die Wahl des eigenen Berufs steht Juden frei und ist nicht durch religiöse Vorschriften eingegrenzt. Hier irren bisweilen auch deutsche Podcast-Philosophen.

Grundsätzlich können sich Juden ihren Beruf selbst aussuchen. Religiöse Vorschriften mit Hinblick auf die Erwerbsarbeit beziehen sich nicht auf die Wahl der Tätigkeit als solche, sondern auf zeitliche Einschränkungen. So ist es nach jüdisch-religiösen Vorschriften beispielsweise verboten, am Schabbat oder an anderen jüdischen Feiertagen zu arbeiten. Ausnahmen werden im Kontext des Armeedienstes oder in Notlagen gemacht. Grundsätzlich steht auch die Rettung des menschlichen Lebens an vorrangiger Stelle, für welche auch die Schabbatruhe gebrochen werden darf.[245]

„Der Kampagne gelingt es, in einer angenehm-humorvollen Weise über jüdisches Leben aufzuklären. Es macht Spaß, die Antworten der Fragemauer zu lesen. Es macht sogar Spaß, die Fragen zu lesen.“

BURKHARD JUNG,

Oberbürgermeister der Stadt Leipzig

FRAGE 105: KENNT IHR EINEN GUTEN (ALSO NICHT ANTISEMITISCHEN) JUDENWITZ?

Nein, aber einen jüdischen Witz: Kommt ein Rabbi zu Gott und sagt mit klagender Stimme: „Lieber Gott, ich weiß nicht, was ich tun soll. Mein Sohn möchte zum Christentum konvertieren." Antwortet Gott: „Ach Moische, mach dir keine Sorgen. Das Problem kenne ich nur allzu gut."

Während ein jüdischer Witz das Leben und die Geschichte der Juden auf eine humorvolle Art thematisiert, zielt ein meistens von Nichtjuden erzählter Judenwitz darauf ab, Juden zu diffamieren. Dies ist antisemitisch.[246] (→ Frage 135, Seite 25)

FRAGE 777: WER IST GEORGE SOROS?

Ein erfolgreicher Unternehmer und Holocaust-Überlebender, auf den häufig antisemitische Ressentiments projiziert werden.

George Soros wurde 1930 als Kind jüdischer Eltern in Budapest geboren und überlebte mit seiner Familie die nationalsozialistische Besatzung Ungarns. Später emigrierte er in die USA und wurde dort zu einem erfolgreichen Finanzinvestor. Seit Jahrzenten setzt er sich in großem Umfang philanthropisch für eine offene Gesellschaft ein.

Seine jüdische Identität, sein Erfolg in der Finanzwelt wie auch sein globales Engagement ließen ihn zu einer Zielscheibe verschiedenster Populisten und Verschwörungstheoretiker werden. Soros' Name wird dabei häufig als Chiffre für das angebliche jüdische Bestreben nach Weltherrschaft missbraucht. Als antisemitischer Code findet sich sein Name im Internet oft als „oro".[247] [248]

FRAGE 326: GIBT ES EINEN EU-STANDARD ZUR DEFINITION VON ANTISEMITISMUS?

Ja, die EU-Kommission beruft sich seit 2017 auf die Antisemitismus-Definition der Internationalen Allianz für Holocaust-Gedenken (International Holocaust Remembrance Alliance, kurz IHRA).

Diese lautet: „Antisemitismus ist eine bestimmte Wahrnehmung von Jüdinnen und Juden, die sich als Hass gegenüber Jüdinnen und Juden ausdrücken kann. Der Antisemitismus richtet sich in Wort oder Tat gegen jüdische oder nichtjüdische Einzelpersonen und/oder deren Eigentum sowie gegen jüdische Gemeindeinstitutionen oder religiöse Einrichtungen."

Diese Antisemitismus-Definition ist von über dreißig Staaten anerkannt und ermöglicht ein grenzübergreifendes Erfassen und Vergleichen von antisemitischen Vorfällen. Die deutsche Bundesregierung hat diese Definition seit 2017 auch auf nationaler Ebene angenommen und die genannte Formulierung der IHRA noch um einen Satz erweitert: „Darüber hinaus kann auch der Staat Israel, der dabei als jüdisches Kollektiv verstanden wird, Ziel solcher Angriffe sein."[249] [250] [251]

„Als Gesellschaft müssen wir antisemitisches Denken und jegliche Gewalt gegen Jüdinnen und Juden entschieden verurteilen. Schenken wir jüdischem Leben mehr Aufmerksamkeit. Die Fragemauer ist ein Projekt, das wichtige Aufklärungsarbeit leistet und darüber hinaus von Menschen getragen wird, die sich aus einer bürgerschaftlichen Verantwortung heraus engagieren.“

SIMONE BORRIS,

Oberbürgermeisterin der Stadt Magdeburg

FRAGE 324: WOHER KOMMT DER STERN AN DER KLEIDUNG DER JUDEN IM NATIONALSOZIALISMUS?

Die Nationalsozialisten zwangen Juden zum Tragen eines Sterns an der Kleidung. Er sollte Juden visuell von der Gesellschaft abgrenzen und so deren Demütigung, Verfolgung, und Ermordung vereinfachen.

Reinhard Heydrich, einer der mächtigsten Nationalsozialisten, ließ erste Entwürfe für diese schikanöse Maßnahme nach den Novemberpogromen 1938 anfertigen. Schließlich wurden rund eine Million dieser Sterne von der Berliner Stoffdruckfirma Geitel & Co. im Spätsommer 1941 hergestellt. Vor der Enteignung durch die Nationalsozialisten gehörte die dafür genutzte Gewerbefläche einem Juden.

Antisemitische Inspiration zogen die Nationalsozialisten mit dem Stern höchstwahrscheinlich von dem sogenannten gelben Fleck oder Ring, den Juden vielerorts im Europa des späten Mittelalters und der Frühen Neuzeit an der Kleidung tragen mussten. Des Weiteren missbrauchte das nationalsozialistische Terrorregime mit dem Stern durch Anlehnung an den Magen David (dt. Schild Davids) ein seit dem Mittelalter gebräuchliches jüdisches Symbol.

Es ist wichtig, den Magen David auch begrifflich nicht mit dem Stern an der Kleidung der Juden im Nationalsozialismus zu verwechseln. Der Magen David ist Teil der israelischen Flagge und als allgemeines Symbol für das Judentum heute noch immer gebräuchlich.[252][253][254][255]

FRAGE 211: IST ES ANTISEMITISCH, JÜDISCHE THEMEN IN FILMEN IMMER MIT KLEZMERMUSIK ZU UNTERLEGEN?

Nein. Klezmer ist ein Bestandteil jüdischer Kultur.

So ist beispielsweise auch der Kampagnenfilm der Fragemauer mit Klezmermusik unterlegt. Die Klezmermusik soll in diesem Fall durch schiefe Töne auf die Schieflage in unserer Gesellschaft bezüglich antisemitischer Stereotype und israelbezogenem Antisemitismus aufmerksam machen.

Es ist allerdings wichtig, jüdische Kultur nicht auf Klezmer zu reduzieren. Die jüdische Kultur ist sehr vielfältig und Klezmer auch nur eine Tradition der Juden aus Zentral- und Osteuropa. Sephardische, mizrachische und äthiopische Juden haben ihre eigenen, vielfältigen Traditionen.

Nicht zu vernachlässigen ist in diesem Kontext auch, dass ganz grundsätzlich nicht jedem Juden traditionelle Musik gefällt.[256][257]

FRAGE 313: IST ISRAEL EIN APARTHEIDSTAAT?

Nein. Dies ist auch die Überzeugung der deutschen Bundesregierung.

Apartheid ist völkerrechtlich definiert als schwere, systematische Form der rassistisch-motivierten Unterdrückung. Zwar gibt es immer wieder entsprechende Vorwürfe gegen Israel, die deutsche Bundesregierung teilt diese Bewertung allerdings ausdrücklich nicht und hält die Verwendung des Begriffs im Kontext des israelisch-palästinensischen Konflikts für kontraproduktiv.

Meist geht die Verwendung des Begriffs mit einer einseitigen Fokussierung auf Israel einher und bedient sich so Mustern von israelbezogenem Antisemitismus. Innerhalb der israelischen Gesellschaft gibt es durchaus auch Rassismus – wie in jedem anderen Land. Vor dem Gesetz sind jedoch alle Menschen gleich. Kritik an Israel sollte daher, wie bei jedem anderen Staat, stets sachlich und fair bleiben.[258] [259] [260] (→ Frage 541, Seite 129)

FRAGE 66: SIND ALLE JUDEN REICH?

Nein, dies ist ein antisemitisches Vorurteil, das bis ins Mittelalter zurückreicht und fest mit der langen Geschichte der Ausgrenzung von Juden in Europa verbunden ist.

Juden wurden seit dem 9. Jahrhundert zunehmend von der christlichen Gesellschaft ausgeschlossen und hatten deshalb wenig Erwerbsmöglichkeiten. Was ihnen blieb, waren die für Christen verbotenen Berufe wie Kreditvergabe, Trödelhandel oder Pfandleihe. Christen war es nach kirchlichem Recht bis ins 15. Jahrhundert verboten, Geld gegen Zinsen zu verleihen. Aufgrund der starken beruflichen Einschränkungen spezialisierten sich viele Juden auf das Handels- und Bankwesen. Dies erhöhte die Feindseligkeit zwischen ihnen und ihren christlichen Zeitgenossen.

Generell entwickelte sich im Mittelalter eine tiefe Ablehnung gegenüber dem Finanzwesen, da scheinbar Geld ohne Arbeit verdient wurde. So entstand das Bild des Geldverleihers als Wucherer, der stets viel zu hohe Zinsen für seine Geldleihen verlangte. Dies wurde oftmals mit den Juden verbunden, was bis heute das antisemitische Vorurteil des reichen Juden prägt.

Tatsächlich sind heute beispielsweise 93 Prozent der jüdischen Zuwanderer im Rentenalter in Deutschland von Altersarmut betroffen.[261] [262] [263] [264] [265] (→ Frage 561, Seite 108)

FRAGE 543: WARUM WERDEN IN DEUTSCHLAND SOGENANNTE NAKBA-DEMONSTRATIONEN VERBOTEN?

Ein generelles Verbot für sogenannte Nakba-Demonstrationen gibt es nicht. Dies würde den Grundrechten auf Versammlungs- und Meinungsfreiheit widersprechen. Jedoch stehen Veranstaltungen mit pro-palästinensischem Bezug oftmals unter genauer Beobachtung.

Jedes Jahr am 15. Mai gedenken Palästinenser aus aller Welt der sogenannten Nakba (arabisch für Katastrophe). Dieser Tag markiert im kollektiven Gedächtnis der Palästinenser die Flucht- und Vertreibungsbewegungen, die im Zuge des israelischen Unabhängigkeitskrieges 1948 erfolgten und in deren Rahmen ca. 700.000 Palästinenser ihre Heimat verloren.

In der Vergangenheit kam es bei entsprechenden Kundgebungen insbesondere in Berlin zu antisemitischen Vorfällen, terrorverherrlichenden Parolen sowie körperlichen Übergriffen. So waren bei einer Demonstration im Jahr 2021 zum Beispiel Rufe wie „Bombardiert Tel Aviv“ zu hören. In einem Beschluss aus dem Jahr 2022 begründete die Polizei ihr Verbot damit, dass, basierend auf Vorfällen aus vergangenen Protesten, die erwarteten Demonstrationen zum Nakba-Tag durch volksverhetzende Ausrufe und Anstiftung zur Gewalt eine unmittelbare Gefahr darstellten. Zusätzlich dazu sollen einige Demonstranten und beteiligte Gruppen Verbindungen zu den in Deutschland verbotenen Organisationen „Volksfront für die Befreiung Palästinas“ (PFLP) und zur Hamas haben.[266 267]

FRAGE 40: WOHER KOMMT DER JUDENHASS?

Hass gegenüber Juden hat in unserer Gesellschaft eine lange Geschichte, die bis in die Antike zurückreicht.

Antisemitische Einstellungen fußten lange vor allem auf religiösen Vorurteilen gegenüber Juden. Die jahrhundertealte Ablehnung der jüdischen Religion durch das Christentum gründete unter anderem auf der Anschuldigung, dass Juden für den Tod Jesu verantwortlich seien.

Seit dem 13. Jahrhundert wurden Juden zunehmend aus dem gesellschaftlichen Leben und von bestimmten Berufsfeldern ausgeschlossen. Die katholische Kirche veranlasste eine bestimmte Kleiderordnung für die jüdischen Gemeinden, schränkte Bewegungsfreiheiten drastisch ein und verbot es Juden, öffentliche Ämter auszuüben. Das alles tat sie mit dem Ziel, Juden zu einer Konversion zum Christentum zu zwingen. Letztendlich führte es allerdings nur zu einer Separierung und Ausgrenzung von jüdischem Leben in Europa. Mit der Ausbreitung der Pest Mitte des 14. Jahrhunderts wurden auch für diese Katastrophe jüdische Sündenböcke geschaffen. So entstand der Mythos der jüdischen Brunnenvergiftungen, welcher zu einer Welle von Pogromen in Europa führte.

Auch die Reformation in der Frühen Neuzeit führte nicht zu einem Abbau jüdischer Stereotype in der Gesellschaft. Der Reformator Martin Luther selbst veröffentlichte antijüdische Schriften, unter anderem unter dem Titel *Von den Juden und ihren Lügen*, nachdem er feststellte, dass die jüdische Gemeinschaft nicht zur Konversion zum Christentum bereit war.

Im 19. und 20. Jahrhundert nahm der Judenhass eine neue Form an, die auf rassistischen Ideologien basierte. Die sogenannte Rassenfrage baute auf religiösen und ökonomischen antijüdischen Vorstellungen auf und verband sie mit einer Komponente, die mit pseudowissenschaftlicher Biologie begründet wurde. Der Holocaust stellt dabei den entsetzlichen Höhepunkt des Hasses auf Juden dar.

Nach dem Zweiten Weltkrieg wurde der Antisemitismus in vielen Ländern verurteilt, aber ist bis heute nicht verschwunden. Antisemitische Vorurteile und Diskriminierung existieren in verschiedenen Ausprägungen weiter und finden in Form von Hassreden, Verschwörungstheorien oder sogar Gewalttaten ihren Ausdruck.[268 269 270 271]

FRAGE 371: WARUM LEHNEN DIE PALÄSTINENSER DAS EXISTENZRECHT DES STAATES ISRAEL AB?

Viele politische Anführer der Palästinenser sind davon überzeugt, dass die Gründung des Staates Israel unrechtmäßig gewesen sei und das Land alleinig den arabischen Palästinensern gehören sollte.

Obwohl es Ausnahmen gibt, lehnt die Mehrheit der organisierten palästinensischen Gruppierungen das Existenzrecht Israels ab. Dies beeinflusst auch die öffentliche Meinung. Die Aberkennung des Existenzrechts Israels ist eine Form von israelbezogenem Antisemitismus. Sie widerspricht darüber hinaus dem UN-Beschluss von 1947 und damit geltendem internationalen Recht. Sie ignoriert außerdem die Tatsache, dass Israel die historische Heimat der Juden ist.

Bereits seit Tausenden von Jahren leben Juden auf dem Gebiet des heutigen Israel, welches über Jahrhunderte als Palästina bezeichnet und immer wieder von anderen Staaten beherrscht und verwaltet wurde, darunter Ägypten, das Römische Reich, das Osmanische Reich sowie Großbritannien.

Auch sind die meisten arabischen Medien antiisraelisch eingestellt und verbreiten und verstärken dabei oft Antisemitismen. Insbesondere die Medienkanäle der Hamas, der Palästinensischen Autonomiebehörde sowie der islamistisch-schiitischen Hisbollah im Libanon werden seit Jahren dafür kritisiert, mit uralten antisemitischen Klischees Hetze gegen Juden zu betreiben.

Schließlich steht das Bildungssystem im Gazastreifen sowie in den Palästinensischen Gebieten in der Westbank seit Jahren international immer wieder in der Kritik. Verschiedene Studien belegen, dass über verwendete Schulbücher Hass und Hetze gegen Juden sowie den Staat Israel geschürt werden. Auf Landkarten sucht man Israel teils vergebens.

Allerdings gibt es auch Veränderungen. So bekannte sich die Führung der sogenannten Palästinensischen Befreiungsorganisation (PLO) im Rahmen des Oslo-Friedensprozesses zum Existenzrecht Israels in den Grenzen von 1967. Dieses Bekenntnis wurde jedoch 2018 ausgesetzt. Terrororganisationen wie die Hamas, die den Gazastreifen regiert, lehnen das Existenzrecht Israels weiterhin kategorisch ab.[272] [273] [274] (→ Frage 541, Seite 129)

„Hamburg engagiert sich entschieden gegen jede Form von Antisemitismus und Diskriminierung. Die Fragemauer kann dazu einen Beitrag leisten."

DR. PETER TSCHENTSCHER,

Erster Bürgermeister der
Freien und Hansestadt Hamburg

FRAGE 495: IST ES FÜR JUDEN SICHER, IN DEUTSCHLAND ZU LEBEN?

Grundsätzlich ja. Gemessen an der Zahl der antisemitischen Anfeindungen und Straftaten sowie zunehmenden antiisraelischen Demonstrationen fühlen sich jedoch immer weniger Juden in Deutschland richtig sicher.

Schon vor dem Angriff der Hamas auf Israel am 7. Oktober 2023 war die Zahl der antisemitischen Straftaten hoch. Zwischen 2015 und 2021 stieg sie jedes Jahr an. Seit dem Angriff der Hamas auf Israel hat sich die Lage weiter dramatisch verschärft: Während 2022 noch 2.641 antisemitische Straftaten verzeichnet wurden, sind es zwischen dem 7. Oktober 2023 und dem 24. Januar 2024 bereits 2.249. Allein in Berlin wurden im Monat nach dem Angriff auf den jüdischen Staat fast acht judenfeindliche Taten pro Tag verzeichnet – ein trauriges Rekordhoch. Teilweise wurden Häuser mit jüdischen Bewohnern durch Davidsterne an den Eingangstüren markiert, jüdische Einrichtungen beschädigt, Hebräisch sprechende Menschen attackiert. Die Lage ist so ernst, dass einige deutsche Juden in Erwägung ziehen auszuwandern – trotz des Krieges, auch nach Israel.[275] [276] [277] [278] [279] [280]

FRAGE 486: WIESO KAM ES AUF DER DOCUMENTA ZU ANTISEMITISCHEN VORFÄLLEN?

Bei der Documenta fifteen wies eine Kunstdarstellung der indonesischen Künstlergruppe Ruangrupa antisemitische Motive auf, die klar als solche zu erkennen waren.

Die Documenta fifteen wollte im Jahr 2022 mit einem Kuratorenkollektiv ein Zeichen für Gemeinschaft und Toleranz setzen. Bei der Eröffnung sorgte insbesondere das riesige Banner *People's Justice* von Ruangrupa aufgrund seiner antisemitischen Symbolik für Aufsehen. Auf dem Banner war unter anderem ein orthodoxer Jude mit Raffzähnen, Hakennase und SS-Runen sowie ein Soldat mit Schweinsgesicht, der einen Helm mit der Aufschrift „Mossad" trägt, zu sehen. Aufgrund der Eindeutigkeit der antisemitischen Bilddarstellung und der daraus resultierenden Empörung wurden die relevanten Stellen im Banner zunächst nur mit einem Tuch abgedeckt. Einige Tage später wurde die Bannerkonstruktion vollständig abgebaut.

In der Kunst- und Kulturszene kommt es immer wieder zu antisemitischen Vorfällen. Häufig stehen die Verursacher der *Boycott, Divestment and Sanctions*-Bewegung (BDS) nahe, die Israel durch einen kompletten Boykott, Stopp von Investitionen und Sanktionen wirtschaftlich, politisch und kulturell isolieren möchte. Der Bundestag bezeichnete die BDS-Bewegung 2019 als antisemitisch und beschloss, BDS-Unterstützern keine öffentliche Förderung mehr zukommen lassen zu wollen. Da dieser politische Beschluss rechtlich nicht bindend ist, gibt es seit längerem hitzige Diskussionen über die Art und Weise, wie Antisemitismus in der Kunst- und Kulturszene effektiv verhindert werden kann.[281] [282] [283] [284] [285]

FRAGE 78: SIND MUSLIME FÜR DEN AKTUELLEN ANTISEMITISMUS IN DEUTSCHLAND VERANTWORTLICH?

Nein. Antisemitismus ist in der gesamten Gesellschaft weit verbreitet. Inwieweit einzelne Gruppen dazu beitragen, muss jedoch besser untersucht werden.

Durch den Terrorangriff der Hamas auf Israel am 7. Oktober 2023 ist gerade der israelbezogene Antisemitismus in den öffentlichen Fokus gerückt. Studien zeigen, dass diese Form unter Muslimen stärker verbreitet ist als unter Nichtmuslimen. 40,5 Prozent der Muslime stimmen Aussagen zu, die israelbezogene Antisemitismen enthalten; bei evangelischen (5,2 Prozent), katholischen (7,1 Prozent) oder konfessionslosen (9,4 Prozent) Befragten fällt dies deutlich geringer aus.

Es sind allerdings noch keine Statistiken veröffentlicht worden, die den rasanten Anstieg antisemitischer Straftaten seit dem 7. Oktober 2023 nach religiösem Hintergrund aufschlüsseln. Inwieweit die stärkere Affinität zu antisemitischen Vorurteilen unter Muslimen mit einer vermehrten Ausübung antisemitischer Straftaten in Verbindung steht, lässt sich aktuell deshalb schwer sagen.

Die Aussagefähigkeit von bisherigen Statistiken zu antisemitischen Straftaten ist stark limitiert, da über der Hälfte der Straftaten kein eindeutiger Hintergrund zugeordnet wurde. Die Straftaten, die zugeordnet werden konnten, gingen vor allem auf Verschwörungstheoretiker aus rechten, linken und muslimischen Kreisen (2022: 21 Prozent, 2021: 16 Prozent) sowie auf rechtspopulistische und rechtsextreme Täter und Vereinigungen (2022: 13 Prozent, 2021: 17 Prozent) zurück. Hinzu kommt, dass in Bezug auf antisemitische Straftaten von einer hohen Dunkelziffer auszugehen ist und auch nicht jede antisemitisch motivierte Handlung einen Straftatbestand erfüllt. Weitere wissenschaftliche Untersuchungen bezüglich des aktuellen Antisemitismus in

Deutschland, welche die genannten Limitationen berücksichtigen, sind daher unerlässlich.[286 287]

FRAGE 580: WAS SIND DIE PROTOKOLLE DER WEISEN VON ZION?

Eine höchst antisemitische Schrift.

Die sogenannten Protokolle der Weisen von Zion wurden Anfang des 20. Jahrhunderts von der Geheimpolizei des Zarentums Russland kreiert, um gezielt Hass gegen Juden zu schüren. In den Jahren 1903 bis 1907 erschienen in Russland gleich mehrere Versionen dieses antisemitischen Dokuments. Es gibt vor, dass ein internationales Judentum vermeintlich koordiniert an der systematischen Zersetzung bestehender Staaten und Völker arbeiten würde, um die Weltherrschaft zu erlangen.

Die Fabrikation der Schrift wurde bereits 1921 nachgewiesen. Trotzdem wurde der deutsche Außenminister Walther Rathenau 1922 wegen einer angeblichen Beteiligung an dem Dokument ermordet. Auch die Nationalsozialisten machten es einige Jahre später zu einem zentralen Baustein ihrer Ideologie. Noch heute berufen sich Rechtsextreme auf die antisemitische Schrift. Des Weiteren wurde und wird das Pamphlet auch in antiisraelischen Kontexten bemüht. Unter anderem die radikalislamische Terrororganisation Hamas bezieht sich in ihrer Gründungscharta von 1988 explizit darauf.[288] [289] [290] [291]

FRAGE 767: WARUM KANN MAN PRO-PALÄSTINENSISCHE DEMOS NICHT RECHTSSICHER VERBIETEN?

Weil Versammlungsfreiheit in der Demokratie ein Grundrecht ist.

Grundsätzlich spricht auch nichts dagegen, sich im Rahmen von Demonstrationen solidarisch mit Palästinensern zu zeigen. Wenn allerdings von pro-palästinensischen Demonstrationen eine Gefahr für die öffentliche Sicherheit ausgeht, da mit Straftaten zu rechnen ist (z. B. StGB § 104 Verbrennen von Fahnen, § 130 Volksverhetzung, § 140 Billigung von Straftaten), können sie vorab rechtssicher verboten werden. Dies ist in der Demokratie allerdings das letzte Mittel. Wahrscheinlicher sind Auflagen gegenüber dem Veranstalter.[292] (→ Frage 543, Seite 120)

FRAGE 541: KANN ICH SOLIDARISCH MIT DEN PALÄSTINENSERN SEIN UND TROTZDEM KEIN ANTISEMIT?

Ja, Solidarität mit Palästinensern macht niemanden zu einem Antisemiten.

Die Grenze zum Antisemitismus wird in Bezug auf den israelisch-palästinensischen Konflikt überschritten, wenn mindestens eines der folgenden Kriterien erfüllt ist:

1. Aberkennung des Existenz- und Selbstbestimmungsrechts Israels
2. Vergleich oder Gleichsetzung Israels mit dem Nationalsozialismus

3. Anlegen anderer Maßstäbe an Israel als an andere Länder

4. Verantwortlichmachen von Juden aus aller Welt für das Regierungshandeln Israels

5. Bezugnahme auf Israel oder Israelis mit antisemitischen Bildern, Symbolen oder Floskeln

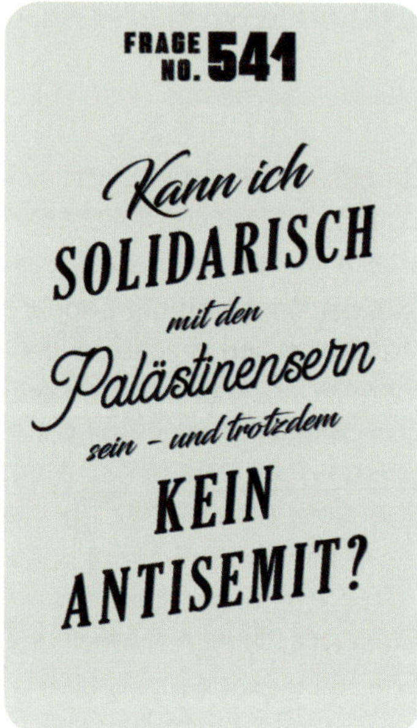

In diesen Fällen handelt es sich um israelbezogenen Antisemitismus. Die obigen Kriterien haben sich in Wissenschaft, Politik und Zivilgesellschaft bewährt und sind in der gängigen Definition für Antisemitismus (der IHRA) verankert. Diese Definition wird von der Europäischen Union, Deutschland sowie über dreißig weiteren Staaten angewendet.[293] [294] (→ Frage 326, Seite 115)

FRAGE 251: WOHER KOMMT DER VORWURF, DASS JUDEN KINDERMÖRDER SEIEN?

Dieser antisemitische Vorwurf reicht bis ins Mittelalter zurück und zeigt eindrucksvoll, wie sich Antisemitismen über Jahrhunderte halten und verbreiten.

Mitte des 12. Jahrhunderts behauptete ein Benediktinermönch in England, dass Juden einen kleinen Jungen ermordet hätten. Dieser Vorwurf wurde anschließend aufgegriffen. Es entstand das

Gerücht, dass Juden Kinder für jüdische Rituale ermorden würden – die sogenannte Ritualmordlegende. Seitdem werden Juden immer wieder mit dem antisemitischen Vorwurf des Kindermords konfrontiert. Auch auf Demonstrationen in Deutschland sind entsprechende Parolen und Plakate leider keine Seltenheit – trotz potenzieller Strafbarkeit nach § 130 StGB (Volksverhetzung).[295 296 297]

FRAGE 811: WAS KANN ICH GEGEN ANTISEMITISMUS TUN?

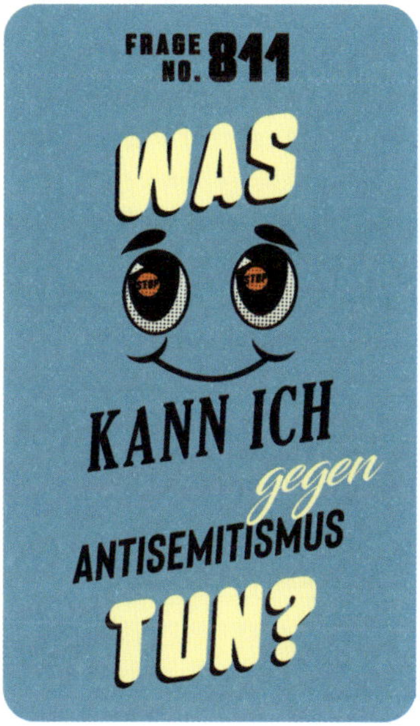

Solidarisiere dich mit den Betroffenen und mache in deinem Umfeld laut und deutlich auf Antisemitismus aufmerksam.

Es kommt alltäglich zu antisemitischen Beschimpfungen und Beleidigungen sowie dem Verbreiten vermeintlicher Witze, Vorurteilen oder Verschwörungsideologien. Dies passiert sowohl online wie auch im persönlichen, direkten Dialog. Gerade in vertrauten Umgebungen muss falschen oder gar menschenverachtenden Positionierungen unbedingt widersprochen werden, um diese nicht ohne Gegenrede stehenzulassen und durch gute Argumente eine klare Haltung auch für umstehende Personen zu zeigen.

Es gibt vier grundsätzliche Möglichkeiten, mit Gegenrede zu reagieren: verdeutlichen, argumentieren, konfrontieren sowie die Gegenrede Anderer unterstützen.

Bei Personen, die für ein Gespräch offen erscheinen, ist es häufig zielführend, nicht zu verurteilen, sondern die gemachte Aussage zu hinterfragen, um ein Umdenken anzustoßen. „Warum fühlst/denkst/redest du so? Wie kommst du darauf? Woher hast du diese Information?“ Zusätzlich sollte man Desinformationen sachlich mithilfe der Angabe seriöser Quellen widerlegen. Offene Konfrontation ist dann geboten, wenn viele Menschen einem absichtlich antisemitischen Kommentar zuhören oder mitlesen (zum Beispiel online). Wenn möglich, sollte zusätzlich die Gegenrede Anderer unterstützt werden.

Bei größeren Gruppen kann es zum Teil gefährlich werden, allein antisemitischen Taten entgegenzutreten. Überlege daher, ob du allein eingreifen kannst, ohne dich selbst zu gefährden. Spreche gegebenenfalls auch andere Menschen an und mache sie auf die Situation aufmerksam. Falls möglich, mache außerdem Fotos oder merke dir Details, um später eine Aussage bei der Polizei machen zu können.[298] [299] [300] [301] [302]

DANKSAGUNGEN

Die Bildungskampagne Fragemauer ist eine echte Teamleistung. Dazu gehört auch dieses Buch. Ein großer Dank für das monatelange und unermüdliche Recherchieren, Korrigieren und Redigieren geht daher an meine Kolleginnen und Kollegen im Berliner Büro des European Leadership Network (ELNET): John-William Boer, Janika Bratvogel, Francesca Fassbender, Maria El, Sana Kisilis, Lea Ledwon, Linda-Charlotte Liedel, Julius Reim, Elisabeth Spiegel, Laura Stadler, Laura Steinbrück und Dr. Marius Strubenhoff (in alphabetischer Reihenfolge). Darüber hinaus haben uns eine Reihe von Personen ehrenamtlich mit Rat und Tat bei diesem Projekt begleitet und dabei verschiedene jüdische und nichtjüdische Perspektiven eingebracht. Ein großer Dank gilt unserem Beiratsmitglied Richard C. Schneider.

Darüber hinaus gilt ein besonderer Dank unserer Agentur Philipp & Keuntje (Hamburg). Über mehrere Monate hat ein großartiges Team von Kreativen an den Motiven für die Anzeigen und Plakate gebastelt, die sich auch in diesem Buch finden. Explizit seien hier (in alphabetischer Reihenfolge) Hans Esders, Volker Henze, Carolin Kolbinger und Anne Schubert sowie im Projektmanagement Lena Ponath und Nina Wulf genannt. Dieses Team kreierte auch die wunderbare Webseite sowie einen Spot fürs Kino und für Social Media. Den Soundtrack brachte die Agentur Sixième Son (New York) ein.

Alle am Projekt Beteiligten engagierten sich pro bono, die Agenturen wurden also für die Erstellung der Kampagne nicht bezahlt. Dieses Engagement gegen Antisemitismus ist vorbildlich. Gleiches gilt auch für eine zunehmende Zahl von Medienpartnern, Zeitungen und Zeitschriften sowie Kinoketten und Onlineplattformen, die sich ebenfalls pro bono an dieser Bildungsinitiative beteiligen und kostenfrei Anzeigen schalten oder den Spot zeigen.

Dennoch kostet eine bundesweite Kampagne Geld. Die Fragemauer wurde ermöglicht durch eine initiale Förderung des Beauftragten der Bundesregierung für jüdisches Leben und gegen Antisemitismus, Dr. Felix Klein. Darüber hinaus haben sich bislang mehrere Bundesländer sowie dutzende von Städten und Gemeinden unterstützend eingebracht. Schließlich wächst die Fragemauer auch dank zahlreicher Spenden von Privatpersonen, Unternehmen und Verbänden.

Ein abschließender Dank geht an den Hentrich & Hentrich Verlag und dessen Verlegerin Dr. Nora Pester für das Vertrauen und die Unterstützung bei der Erstellung dieses Buchs.

ÜBER ELNET

Das European Leadership Network (ELNET) engagiert sich als Denkfabrik und Netzwerkorganisation im Kontext der europäisch-israelischen Beziehungen. Unser Fokus liegt auf den Bereichen Außen- und Sicherheitspolitik, Antisemitismus und Innovation. Wir arbeiten unabhängig und parteiübergreifend auf Grundlage demokratischer Werte und gemeinsamer strategischer Interessen.

Unsere Büros in Berlin, Brüssel, London, Paris, Rom, Tel Aviv und Warschau sowie Aktivitäten in weiteren Ländern Europas stärken den Dialog zwischen europäischen und israelischen Entscheidern in Politik, Wirtschaft und Gesellschaft. Diese unterstützen wir seit 2007 mit fachlichen Publikationen, strategischen Dialogveranstaltungen und Delegationsreisen.

ELNET wird von einer Vielzahl von Privatpersonen, Stiftungen und Unternehmen unterstützt. Dazu erhalten wir in Deutschland projektbezogene Förderungen von verschiedenen Bundesministerien sowie mehreren Bundesländern.

QUELLENVERZEICHNIS

1 **Jüdische Allgemeine:** „Wie viele Juden weltweit gibt es?“, 28.9.2022, https://www.juedische-allgemeine.de/juedische-welt/wie-viele-juden-weltweit-gibt-es/.

2 **Mandell L. Berman Institute:** „Anzahl der Juden in ausgewählten Ländern im Jahr 2023“, 9/2023, https://de.statista.com/statistik/daten/studie/37092/umfrage/anzahl-der-juden-in-ausgewaehlten-laendern/.

3 **UN DESA:** „Weltbevölkerung von 1950 bis 2023“, 7/2022, https://de.statista.com/statistik/daten/studie/1716/umfrage/entwicklung-der-weltbevoelkerung/.

4 **Żywe Muzeum Obwarzanka:** „What is Obwarzanek Krakowski“, o. D., https://www.muzeumobwarzanka.com/historia-obwarzanka/?lang=en.

5 **Arieli, Inbal:** Chutzpah: Why Israel Is a Hub of Innovation and Entrepreneurship, 1. Auflage, 2019 (New York).

6 **Gutknecht, Christoph:** „Was für eine Chuzpe“, 2.11.2015, https://www.juedische-allgemeine.de/kultur/was-fuer-eine-chuzpe/.

7 **DWDS.de:** „Chuzpe, die“, o. D., https://www.dwds.de/wb/Chuzpe.

8 **Rabbiner Radbil, Avraham:** „Jackpot für Juden?“, 29.6.2015, https://www.juedische-allgemeine.de/religion/jackpot-fuer-juden/.

9 **Rabbiner Danzinger, Eliezer:** „What is the Jewish view on gambling?“, o. D., https://www.chabad.org/library/article_cdo/aid/604309/jewish/What-is-the-Jewish-view-on-gambling.htm#:~:text=In%20the%20Talmud%2C1%20the,Morally%20speaking%20that%20is.

10 **Hübert, Henning:** „1700 Jahre jüdisches Leben in Deutschland“, 11.12.2021, https://www.deutschlandfunk.de/spurensuche-1700-jahre-juedischen-lebens-in-deutschland-dlf-831a2d57-100.html.

11 **Brugger, Evelin und Wiedl, Birgit:** „Die Anfänge jüdischen Lebens in Österreich“, 3.9.2022, https://austria-forum.org/af/AEIOU/Juden/Anfänge_der_Juden.

12 **Otten, Thomas und Wrobel, Andrea:** „Das Edikt Kaiser Konstantins von 321“, 20.10.2021, https://www.bpb.de/themen/zeit-kulturgeschichte/geteilte-geschichte/339532/das-edikt-kaiser-konstantins-von-321/.

13 **Blumenthaler, Lorenz:** „Das Jüdische Quartett #4 – ‚1700 Jahre jüdisches Leben in Deutschland: Wer feiert was?‘“, 27.4.2021, https://www.amadeu-antonio-stiftung.de/das-juedische-quartett-3-1700-jahre-juedisches-leben-in-deutschland-wer-feiert-was-68951/.

14 **Grigat, Stephan:** „Flucht und Vertreibung von Juden aus den arabischen Ländern“, 26.11.2020, https://www.bpb.de/themen/antisemitismus/dossier-antisemitismus/321671/flucht-und-vertreibung-von-juden-aus-den-arabischen-laendern/.

15 **Deutschlandfunk Kultur:** „Zwischen Klischee und Grenzüberschreitung: Arte-Doku über jüdischen Humor“, 3.11.2021, https://www.deutschlandfunkkultur.de/arte-doku-ueber-juedischen-humor-zwischen-klischee-und-100.html.

16 **Dreyer, Jürgen und Hattwich, Sybille:** „Jüdischer Humor“, 8.4.2019, https://www.planet-wissen.de/kultur/religion/judentum/pwiejuedischerhumor100.html.

17 **Domradio.de:** „‚#Antisemitismus für Anfänger‘: Eine Einladung zum herzhaften Lachen.“, 4.1.2021, https://www.domradio.de/artikel/antisemitismus-fuer-anfaenger-eine-einladung-zum-herzhaften-lachen.

18 **Liermann, Sandra:** „Schlamassel, Zoff, mies: Diese Worte stammen aus dem Jiddischen“, 30.8.2019, https://www.augsburger-allgemeine.de/panorama/Juedische-Kultur-Schlamassel-Zoff-mies-Diese-Worte-stammen-aus-dem-Jiddischen-id55236406.html.

19 **Becker-Willhardt, Hannelore:** „Von ‚Massel‘ und ‚Schlamassel‘“, 19.7.2013, https://www.deutschlandfunkkultur.de/von-massel-und-schlamassel-100.html.

20 **Pasikowska-Schnass, Magdalena:** „Die jiddische Sprache und Kultur und ihr Schicksal in Europa nach dem Holocaust“, 1/2022, https://www.europarl.europa.eu/RegData/etudes/BRIE/2022/698881/EPRS_BRI(2022)698881_DE.pdf.

21 **Rabbiner Soussan, Julian Chaim:** „Künstliche Befruchtung, Embryonen und PID: Das Verhältnis des Judentums zur modernen Medizin“, 23.11.2010, https://www.juedische-allgemeine.de/politik/was-dem-leben-dient/#:~:text=Kinderlos%20Unter%20bestimmten%20Voraussetzungen%20ist,Befruchtung%20eine%20Seele%20er%2Dhält.

22 **Brandes, Rainer:** „‚Seid fruchtbar und mehret euch‘“, 29.12.2011, https://www.deutschlandfunk.de/seid-fruchtbar-und-mehret-euch-100.html.

23 **Carthaus, Anna:** „Embryos aus dem Labor – ohne Sperma und Eizelle“, 7.9.2023, https://www.dw.com/de/embryos-aus-dem-labor-ohne-sperma-und-eizelle/a-66306200.

24 **Kranz, Dani:** „Israelis in Berlin: Wie viele sind es und was zieht sie nach Berlin?“, 28.10.2015, https://www.bertelsmann-stiftung.de/de/publikationen/publikation/did/israelis-in-berlin.

25 **RBB24:** „Zahlen und Fakten zu Israelis und Palästinensern in der Region“, 12.10.2023, https://www.rbb24.de/politik/beitrag/2023/10/berlin-brandenburg-zahlen-fakten-israelis-palaestinenser.html.

26 **Olhoeft, Netanel:** „Der Rabbi im Badehaus“, 8.2.2019, https://www.juedische-allgemeine.de/religion/der-rabbi-im-badehaus/.

27 **Akinyosoye, Clara:** „Wenn Bademode koscher sein muss“, 28.7.2016, https://religion.orf.at/v3/stories/2788058/.

28 **Tenenberg, Miron:** „Besondere Lieder für das jüdische Lichterfest: Chanukka-Songs“, 27.12.2019, https://www.deutschlandfunkkultur.de/chanukka-songs-besondere-lieder-fuer-das-juedische-100.html.

29 **Frisicano, Andrew:** „The best Hanukkah songs for your holiday playlist“, 2.11.2022, https://www.timeout.com/music/eight-days-of-hanukkah-songs-to-listen-to.

30 **Schmedding, Nina:** „Keine Klinik wie jede andere“, 28.5.2019, https://www.juedische-allgemeine.de/unsere-woche/keine-klinik-wie-jede-andere/.

31 **Jüdisches Krankenhaus Berlin:** „Geschichte“, o. D., https://www.juedisches-krankenhaus.de/willkommen/geschichte.html.

32 **Bundesministerium des Innern und für Heimat:** „Jüdische Gemeinschaft in Deutschland“, o. D., https://www.bmi.bund.de/DE/themen/heimat-integration/gesellschaftlicher-zusammenhalt/staat-und-religion/juedische-gemeinschaft/juedische-gemeinschaft-node.html.

33 **Statistisches Bundesamt (Destatis):** „Bevölkerungsstand: Amtliche Einwohnerzahl Deutschlands 2022“, 2024, https://www.destatis.de/DE/Themen/Gesellschaft-Umwelt/Bevoelkerung/Bevoelkerungsstand/_inhalt.html.

34 **Statista:** „Anzahl der Juden in ausgewählten Ländern im Jahr 2022“, 9/2023, https://de.statista.com/statistik/daten/studie/37092/umfrage/anzahl-der-juden-in-ausgewaehlten-laendern/.

35 **Klaubert, David:** „Ich hatte eine phantastische Jugend: Daniel Radcliffe im Gespräch“, 10.3.2012, https://www.faz.net/aktuell/gesellschaft/menschen/daniel-radcliffe-im-gespraech-ich-hatte-eine-phantastische-jugend-11679995.html.

36 **Jüdische Allgemeine:** „Harry-Potter-Schauspieler Daniel Radcliffe ist Vater geworden“, 26.4.2023, https://www.juedische-allgemeine.de/kultur/harry-potter-schauspieler-daniel-radcliffe-ist-vater-geworden/.

37 **Strack, Christoph:** „Klinik mit Synagoge und koscherer Küche“, 20.5.2022, https://www.dw.com/de/deutsche-klinik-mit-synagoge-und-koscherer-küche/a-61842079.

38 **Laurenz, Nike:** „‚Viele erinnern sich beim Sterben daran, dass sie schon mal überlebt haben‘“, 26.11.2021, https://www.spiegel.de/psychologie/saul-eisenberg-seniorenheim-in-muenchen-wenn-juedinnen-und-juden-alt-werden-a-606231b5-f045-4772-b0bd-60726a34c068.

39 **Mitteldeutscher Rundfunk:** „Jiddische Begriffe in unserer Alltagssprache“, o. D., https://www.mdr.de/religion/juedisches-leben/jiddisches-woerterbuch-100.html.

40 **Lüdicke, Martina:** „Haben Juden eine eigene Sprache?“, 2013, https://www.jmberlin.de/frage-des-monats-haben-juden-eine-eigene-sprache.

41 **Zentralrat der Juden in Deutschland:** „Meet a Jew“, o. D., https://www.meetajew.de.

42 **Albrecht, Kai-Britt; Meiners, Antonia und Walther, Lutz:** „Albert Einstein 1879–1955“, 8.7.2022, https://www.dhm.de/lemo/biografie/albert-einstein.

43 **Wolfram, Gernot:** „Fast ein Präsident“, 4.10.2022, https://www.juedische-allgemeine.de/kultur/fast-ein-praesident/.

44 **International Rescue Committee:** „Varian Frys Rettungsnetzwerk, Albert Einstein und die Anfänge des IRC“, o. D., https://www.rescue.org/de/wer-wir-sind/albert-einstein-gruendungsgeschichte.

45 **Rimmele, Markus:** „Einstein in Berlin“, 30.6.2005, https:/www.deutschlandfunkkultur.de/einstein-in-berlin-100.html.

46 **Talabardon, Susanne:** „Jüdisches Leben in der DDR“, 8.10.2021, https://www.bpb.de/shop/zeitschriften/izpb/juedisches-leben-348/juedisches-leben-348/341615/juedisches-leben-in-der-ddr/.

47 **Leo, Annette:** „Beargwöhnt und herausgehoben: Jüdinnen*Juden in der DDR“, o. D., https://www.jmberlin.de/hintergrundartikel-geschichte-juedisch-in-der-ddr-annette-leo.

48 **Herf, Jeffrey:** Unerklärte Kriege gegen Israel – Die DDR und die westdeutsche radikale Linke, 2. Auflage, 2020 (Göttingen).

49 **Schell, Manfred und Kalinka, Werner:** „Stasi und kein Ende. Die Personen und Fakten“, 1991.

50 **Deutschlandfunk:** „Warum es 1953 zur Massenflucht aus der DDR kam“, 16.3.2023, https://www.deutschlandfunk.de/juden-ddr-antisemitismus-flucht-100.html.

51 **Hollenbach, Michael:** „Vom Überleben einer Minderheit“, 17.10.2015, https://www.deutschlandfunk.de/judentum-in-der-ddr-vom-ueberleben-einer-minderheit-100.html.

52 **Dahmer, Laura:** „Berliner Stolperstein-Erfinder: „Ein Mensch ist erst vergessen, wenn sein Name vergessen wird“, 9.11.2023, https://www.tagesspiegel.de/berlin/bezirke/berliner-stolperstein-erfinder-ein-mensch-ist-erst-vergessen-wenn-sein-name-vergessen-wird-10748443.html.

53 **Stolpersteine.eu:** „Start“, o. D., https://www.stolpersteine.eu/start.

54 **MDR+:** „Hebräisch liest man rückwärts!?“, 11.2.2021, https://www.mdr.de/wissen/videos/aktuell/gernelernen-hebraeisch-liest-man-rueckwaerts-100.html.

55 **Klar, Nicole und McTaggart, Jonathan:** „Sprachbeschreibung Hebräisch“, 2015, https://www.uni-due.de/imperia/md/content/prodaz/sprachbeschreibung_hebr%C3%A4isch.pdf.

56 **Landeshauptstadt Erfurt, Stadtverwaltung:** „Die hebräische Sprache“, o. D., https://juedisches-leben.erfurt.de/jl/de/mittelalter/handschriften/wissenswertes/118430.html.

57 **Tikvah Institut:** „‚Gut Schabbes? Chag Sameach!‘ Religionsfreiheit und Respekt für die Arbeitsruhe an Schabbat und jüdischen Feiertagen“, 20.10.2022, https://tikvahinstitut.de/veranstaltung-zur-juedischen-arbeitsruhe/.

58 **Deutsche Presse-Agentur:** „Religiöse Feiertage: Freistellung für Arbeitnehmer möglich“, 09.5.2017, https://www.sueddeutsche.de/karriere/arbeit-religioese-feiertage-freistellung-fuer-arbeitnehmer-moeglich-dpa.urn-newsml-dpa-com-20090101-170428-99-243176.

59 **Borchert, Borsandra:** „9 jüdische Astronauten, die kühn ins Weltall geflogen sind“, 21.10.2021, https://raawi.de/9-judische-astronauten-weltall#:~:text=Der%20Kosmonaut%20Boris%20Volynov%20war,zur%20ersten%20Gruppe%20russischer%20Kosmonauten.

60 **Dänzer-Vanotti, Irene:** „Jüdisches Leben in Deutschland – Die Geschichte der jüdischen Namen“, 30.12.2020, https://www.br.de/mediathek/podcast/alles-geschichte-history-von-radiowissen/juedisches-leben-in-deutschland-1-die-geschichte-der-juedischen-namen/1814067.

61 **Salomon, Tilman:** „Wie die Juden Galiziens und der Bukowina zu ihren Namen kamen?“, 21.10.2021, https://www.juedische-allgemeine.de/kultur/wie-die-juden-galiziens-und-der-bukowina-zu-ihren-namen-kamen/.

62 **Rönn, Raphael:** „Als Jüdinnen und Juden neue Familiennamen bekamen“, 24.11.2022, https://www.fu-berlin.de/presse/publikationen/tsp/2022/tsp-november-2022/artikel/52-juedische-namen/index.html.

63 **Sadek, Johannes:** „Koscher tindern“, 5.11.2021, https://www.juedische-allgemeine.de/juedische-welt/koscher-tindern/.

64 **Bundesministerium des Innern und für Heimat:** „Jüdische Gemeinschaft in Deutschland“, o. D., https://www.bmi.bund.de/DE/themen/heimat-integration/gesellschaftlicher-zusammenhalt/staat-und-religion/juedische-gemeinschaft/juedische-gemeinschaft-artikel.html;jsessionid=42ADA21746A0F173840064806A1B012C.live862.

65 **Schweizerischer Israelitischer Gemeindebund SIG:** „Geschichte der Jüdinnen und Juden in der Schweiz“, https://swissjews.ch/de/juedischesleben/geschichte/.

66 **Sabiers, Linda Rachel:** „Wieso denkst du nach dem Sex daran, dass ich Jüdin bin?“, 11.7.2019, https://sz-magazin.sueddeutsche.de/mein-deutsch-juedisches-leben/juedisch-dating-jswipe-87507.

67 **Mediendienst Integration:** „Judentum“, o. D., https://mediendienst-integration.de/gruppen/judentum.html.

68 **Bundeskanzleramt Österreich:** „Umsetzungsbericht 2020 und 2021. Österreichisch-Jüdisches Kulturerbegesetz“, 2022, https://www.google.com/url?sa=t&rct=j&q=&esrc=s&source=web&cd=&ved=2ahUKEwj94dHV_JiEAxV9-gIHHYjfB-QQFnoECA8QAw&url=https%3A%2F%2Fwww.bundeskanzleramt.gv.at%2Fdam%2Fjcr%3A834db72c-c887-4419-baa0-79094f3824d4%2Fbroschuere_umsetzung_oejkg.pdf&usg=AOvVaw0xQDsz-pfyclEJI0qafnat&opi=89978449.

69 **Moll, Sebastian:** „Masel tov, Doktor Ruth!“, 3.6.2023, https://www.juedische-allgemeine.de/juedische-welt/masel-tov-doktor-ruth/.

70 **Jüdisches Museum Berlin:** „Sexualethik: Sexualität, Lust, Erotik und Gott“, o. D., https://www.jmberlin.de/ringvorlesung-sexualethik.

71 **Gemeinschaftswerk der Evangelischen Publizistik:** „Sexualität im Judentum – in der Ehe erwünscht“, 2021, https://www.religionen-entdecken.de/lexikon/s/sexualitaet-im-judentum.

72 **Deutschlandfunk Kultur:** „Sex ist keine Sünde, sondern Obligation“, 10.12.2016, https://www.deutschlandfunkkultur.de/ruth-westheimer-ueber-sex-und-juedische-tradition-sex-ist-100.html.

73 **Jüdische Allgemeine:** „Tallit“, 15.11.2018, https://www.juedische-allgemeine.de/glossar/tallit/.

74 **IsraelMagazin:** „Tallit und Zizit - Schaufäden und Gebetsumhang“, o. D., https://www.israelmagazin.de/zizit-talit-tallit.

75 **Falasca, Anina:** „Welche Rolle spielen Gender-Themen? Was ist mit weiblichen Rabbinerinnen? Frage des Monats zur Ausstellung ‚Die ganze Wahrheit'", 2013, https://www.jmberlin.de/frage-des-monats-welche-rolle-spielen-gender-themen.

76 **Rabbinerin Klapheck, Elisa:** „Rabbinerinnen in Deutschland nach 1945 bis heute", 29.9.2023, https://www.bpb.de/themen/deutschlandarchiv/541213/rabbinerinnen-in-deutschland-nach-1945-bis-heute/.

77 **Dietrich, Kirsten:** „Warten auf den Erlöser", 15.2.2019, https://www.deutschlandfunkkultur.de/messias-glaube-bei-juden-und-christen-warten-auf-den-100.html.

78 **Hollenbach, Michael:** „Juden, die an Jesus glauben", 17.5.2015, https://www.deutschlandfunkkultur.de/messianische-juden-juden-die-an-jesus-glauben-100.html.

79 **Wildermann, Marie:** „Der Jude Jesus", 26.5.2021, https://www.deutschlandfunk.de/religionsgeschichte-der-jude-jesus-100.html.

80 **Jüdisches Museum Frankfurt:** „Challa-Rezept", o. D., https://www.juedischesmuseum.de/nc/besuch/museum-to-go/dauerausstellung/detail/challa-rezept/.

81 **Berger, Noemi:** „Challa", 13.4.2015, https://www.juedische-allgemeine.de/glossar/challa/.

82 **Zentralrat der Juden in Deutschland:** „Kaschrut – Die jüdischen Speisevorschriften", o. D., https://www.zentralratderjuden.de/judentum/riten-und-gebraeuche/kaschrut-die-juedischen-speisevorschriften/.

83 **Hirschfelder, Gunther; Reck, Antiona und Stöxen, Jana:** „Jüdische Esskultur – Traditionen und Trends", 29.10.2021, https://www.bpb.de/shop/zeitschriften/apuz/juedisches-leben-in-deutschland-2021/342698/juedische-esskultur/.

84 **Jüdisches Museum Berlin:** „Koscher – was ist das?", o. D., https://www.jmberlin.de/koscher-was-ist-das.

85 **Schneider, Gerd und Toyka-Seid, Christiane:** „Koscher", 2024, https://www.bpb.de/kurz-knapp/lexika/das-junge-politik-lexikon/320684/koscher/.

86 **Zentralrat der Juden in Deutschland:** „Geburt und Beschneidung – Der Beginn des Lebens", o. D., https://www.zentralratderjuden.de/judentum/riten-und-gebraeuche/geburt-und-beschneidung-der-beginn-des-lebens/.

87 **Jüdische Gemeinde in Hamburg:** „Warum beschneiden Juden ihre Kinder?", o. D., https://www.jghh.org/de/judentum/158-warum-beschneiden-juden-ihre-kinder.

88 **Rabbiner Geballe, David:** „Halacha – Unversehrt bleiben", 2.5.2017, https://www.juedische-allgemeine.de/religion/unversehrt-bleiben/.

89 **Evers, Dajan Raphael:** „Tattoo und Piercing", 4.10.2019, https://judentum.online/tattoo-und-piercing/.

90 **Hirt, Beate:** „Meine jüdischen Wurzeln", 28.1.2018, https://www.kirche-im-hr.de/sendungen/2018/hr2-morgenfeier/01/28-meine-juedischen-wurzeln/.

91 **Botsch, Gideon:** „Von der Judenfeindschaft zum Antisemitismus", 7.7.2014, https://www.bpb.de/shop/zeitschriften/apuz/187412/von-der-judenfeindschaft-zum-antisemitismus/.

92 **Fishman, Robert B.:** „Jüdische Fest- und Feiertage", 5.8.2010, https://www.bpb.de/shop/zeitschriften/izpb/juedisches-leben-in-deutschland-304/7706/juedische-fest-und-feiertage/.

93 **Jüdisches Museum Berlin:** „Chanukka", o. D., https://www.jmberlin.de/thema-chanukka und https://www.jmberlin.de/acht-facts-zu-chanukka.

94 **Studniberg, David:** „Chanukka: 8 Facts rund um das jüdische Weihefest", 2016, https://www.jmberlin.de/acht-facts-zu-chanukka.

95 **Ufferfilge, Levi Israel:** „Religiöse Strömungen und jüdische Feiertage", 8.10.2021, https://www.bpb.de/shop/zeitschriften/izpb/juedisches-leben-348/juedisches-leben-348/341640/religioese-stroemungen-und-juedische-feiertage/.

96 **Friedlender, Nathalie:** „Strömungen des Judentums in Deutschland", 11.10.2021, https://www.bpb.de/themen/zeit-kulturgeschichte/juedischesleben/341717/stroemungen-des-judentums-in-deutschland/.

97 **Jüdisches Leben in Thüringen:** „Konservatives Judentum. Liberales Judentum/Progressives Judentum/Reformjudentum. Orthodoxes Judentum. Rekonstruktionistisches Judentum. Ultraorthodoxes Judentum", o. D., https://www.juedisches-leben-thueringen.de/glossar/?no_cache=1&add=1&tx_jomuseo_pi1009%5Bcategory%5D=Str%C3%B6mungen&tx_jomuseo_pi1009%5Bcontroller%5D=Museo.

98 **Goldmann, Miriam:** „Warum müssen die Frauen die Haare nach der Hochzeit entweder mit Perücke oder mit Kopftuch bedecken?", 2014, https://www.jmberlin.de/frage-des-monats-warum-muessen-die-frauen-die-haare-nach-der-hochzeit-entweder-mit-peruecke-oder-mit-kopftuch#:~:text=Orthodoxe%20Frauen%20zeigen%20nach%20der,traditionellen%20Vorstellungen%20der%20Schicklichkeit%20richten.

99 **Zentralrat der Juden in Deutschland:** „FAQ", o. D., https://www.zentralratderjuden.de/service/faq/#accordion-320-157.

100 **Freeman, Tzvi:** „Wie konvertiert jemand zum Judentum?“, o. D., https://de.chabad.org/library/article_cdo/aid/468888/jewish/Wie-konvertiert-jemand-zum-Judentum.htm.

101 **Kühn, Tobias:** „Wenn aus Martin Mosche wird“, 16.3.2016, https://www.deutschlandfunk.de/konversion-zum-judentum-wenn-aus-martin-mosche-wird-100.html.

102 **Lombard, Jérôme:** „Wer gehört dazu?“, 19.1.2022, https://www.juedische-allgemeine.de/juedische-welt/wer-gehoert-dazu/.

103 **Malmad:** „Judentum und jüdische Identitäten“, o. D., https://malmad.de/themen/judentum.

104 **Fachstelle für Internationale Jugendarbeit der Bundesrepublik Deutschland e.V.:** „Ursprünge des Judentums“, o. D., https://ijab.de/angebote-fuer-die-praxis/toolbox-religion/basisinformationen/judentum/urspruenge-des-judentums.

105 **Krochmalnik, Daniel:** „Der Gottesname“, 19.6.2017, https://www.juedische-allgemeine.de/kultur/der-gottesname/.

106 **Zentralrat der Juden in Deutschland:** „Die Tora – Die heilige Schrift der Juden“, o. D., https://www.zentralratderjuden.de/judentum/riten-und-gebraeuche/die-tora-die-heilige-schrift-der-juden/.

107 **Jüdisches Museum Berlin:** „Themenraum Tora: Wort, Schrift und Sprache in der Dauerausstellung“, o. D., https://www.jmberlin.de/raum-zur-tora.

108 **Jüdisches Museum Berlin:** „Gibt es schwule Juden? Date me and find out! – Frage des Monats zur Ausstellung ‚Die ganze Wahrheit‘“, o. D., https://www.jmberlin.de/frage-des-monats-gibt-es-schwule-juden.

109 **Beyrodt, Gerald:** „Akzeptanz und wütende Ablehnung“, 21.6.2013, https://www.deutschlandfunkkultur.de/akzeptanz-und-wuetende-ablehnung-100.html.

110 **Dippel, Carsten:** „Heimat für queere Juden“, 28.3.2019, https://www.deutschlandfunk.de/judentum-heimat-fuer-queere-juden-100.html.

111 **Baer-Krause, Jane:** „Homosexualität im Judentum – gleichgeschlechtliche Paare gehören für viele dazu“, o. D., https://www.religionen-entdecken.de/lexikon/h/homosexualitaet-im-judentum.

112 **Ansohn, Felice-Judith:** „Juden und Homosexualität“, o. D., https://www.hagalil.com/deutschland/yachad/homosexual.htm.

113 **Vin, Sami:** „Ist Homosexualität im Judentum erlaubt? – Ein Kommentar“, 23.10.2018, https://www.facebook.com/JSUDeutschland/photos/a.813657108787547/1207519289401325/?type=3&locale=de_DE.

114 **Meister, Christiane:** „Judentum und Homosexualität: ‚Denn es ist ein Gräuel'", 31.7.2013, https://www.evangelisch.de/inhalte/87169/31-07-2013.

115 **Schuchardt, Konstantin:** „Glossar – Upscheren", 11.5.2015, https://www.juedische-allgemeine.de/glossar/upscheren/.

116 **Kapern, Peter:** „Haar-Regeln im Orthodoxen Judentum Perücke, Pejot und Bart", 17.10.2016, https://www.deutschlandfunk.de/haar-regeln-im-orthodoxen-judentum-peruecke-pejot-und-bart-100.html.

117 **Neumann, Daniel:** „Das vierte Gebot", 3.7.2018, https://www.juedische-allgemeine.de/religion/das-vierte-gebot/.

118 **Zentralrat der Juden in Deutschland:** „Jüdische Feier- und Gedenktage", o. D., https://www.zentralratderjuden.de/judentum/feiertage/.

119 **Neidhart, Ludwig:** „Erläuterungen zum Sabbat- und Sonntagsgebot und zu den übrigen der ‚fünf Kirchengebote'", 10.4.2018, https://www.philso.uni-augsburg.de/institute/philosophie/Personen/Lehrbeauftragte/neidhart/Downloads/SabbatSonntag.pdf.

120 **Kühn, Tobias:** „Die Vielfalt der Kabbala", 30.10.2018, https://www.deutschlandfunk.de/ausstellung-in-wien-die-vielfalt-der-kabbala-100.html#:~:text=Das%20Wort%20%E2%80%9EKabbala%E2%80%9C%20geht%20auf,werde%20seitdem%20immer%20weiter%20%C3%BCberliefert.

121 **Münch, Ronja:** „Mystische Rituale und Bräuche: Magie in der jüdischen Kabbala", 14.9.2020, https://www.campus-halensis.de/artikel/mystische-rituale-und-brauche-magie-in-der-judischen-kabbala/.

122 **Zentralrat der Juden in Deutschland:** „Symbole", o. D., https://www.zentralratderjuden.de/judentum/symbole/.

123 **Jüdische Allgemeine:** „Kippa", 11.11.2018, https://www.juedische-allgemeine.de/glossar/kippa/.

124 **Jüdisches Museum Berlin:** „Pessach", o. D., https://www.jmberlin.de/thema-pessach.

125 **Hirschfelder, Gunther; Reck, Antonia und Stöxen, Jana:** „Jüdische Esskultur – Traditionen und Trends", 29.10.2021, https://www.bpb.de/shop/zeitschriften/apuz/juedisches-leben-in-deutschland-2021/342698/juedische-esskultur/.

126 **Akrish, Dana:** „Das grosse Putzen – Pessach in Jerusalem", 2018, https://www.jmberlin.de/grosses-putzen-pessach-in-jerusalem.

127 **Fishman, Robert B.:** „Jüdische Fest- und Feiertage", 5.8.2010, https://www.bpb.de/shop/zeitschriften/izpb/juedisches-leben-in-deutschland-304/7706/juedische-fest-und-feiertage/.

128 **Zentralrat der Juden in Deutschland:** „Bar Mitzwa und Bat Mitzwa – die religiöse Mündigkeit von Mädchen und Jungen", o. D., https://www.zentralratderjuden.de/judentum/riten-und-gebraeuche/bar-Mitzwa-und-bat-Mitzwa-die-religioese-muendigkeit-von-maedchen-und-jungen/.

129 **Zentralrat der Juden in Deutschland:** „Feiertage", o. D., https://www.zentralratderjuden.de/judentum/feiertage/.

130 **Bundesministerium des Innern und für Heimat:** „Die zentralen Jüdischen Feiertage", o. D., https://www.antisemitismusbeauftragter.de/Webs/BAS/DE/juedisches-leben/juedische-feiertage/juedische-feiertage-node.html.

131 **Kupferberg, Yael:** „Was ist Judentum?", 28.10.2021, https://www.bpb.de/themen/zeit-kulturgeschichte/juedischesleben/342582/was-ist-judentum/.

132 **Schuster, Josef:** „Was machen Juden eigentlich an Weihnachten?", 15.12.2017, https://www.zentralratderjuden.de/aktuelle-meldung/artikel/news/was-machen-juden-eigentlich-an-weihnachten/.

133 **Jüdisches Museum München:** „Kurz erklärt: Chanukka und Weihnukka", 11.12.2020, https://blog.juedisches-museum-muenchen.de/kurz-erklaert-chanukka-und-weihnukka/.

134 **Kel, Ekaterina:** „Feiert Weihnukka!", 26.12.2017, https://www.sueddeutsche.de/kultur/interkonfessionelles-fest-feiert-weihnukka-1.3804911.

135 **Böhme, Christian; Dernbach, Andreas und Keller, Claudia:** „Was sagen Bibel, Thora und Koran zu Hund und Katz'?: Haustier in Gottes Namen", 11.12.2013, https://www.tagesspiegel.de/berlin/haustier-in-gottes-namen-5435890.html.

136 **My Jewish Learning:** „Judaism and Pets: Questions and Answers: What Jewish tradition says about cats, dogs and other companion animals", o. D., https://www.myjewishlearning.com/article/animals-in-judaism/.

137 **Posner, Menachem:** „Judaism and Pet Ownership: 18 FAQs", o. D., https://www.chabad.org/library/article_cdo/aid/5291109/jewish/Judaism-and-Pet-Ownership-18-FAQs.htm.

138 **Timm, Angelika:** „Die Gründung des Staates Israel", 28.3.2008, https://www.bpb.de/themen/naher-mittlerer-osten/israel/44995/die-gruendung-des-staates-israel/.

139 **Landeszentrale für politische Bildung Baden-Württemberg:** „Die Geschichte Israels", 11/2023, https://www.lpb-bw.de/geschichte-israels.

140 **Brenner, Michael:** „Was ist Zionismus? Eine Einführung", 8.3.2008, https://www.bpb.de/themen/naher-mittlerer-osten/israel/44941/was-ist-zionismus/.

141 **Brinkmann, Sigrid und Kinet, Ruth:** „Religion, Kuur oder Abstammung?“, 8.2.2014, https://www.deutschlandfunkkultur.de/judentum-religion-kultur-oder-abstammung-100.html.

142 **Bundeszentrale für politische Bildung:** „Zionismus“, 2021, https://www.bpb.de/themen/antisemitismus/dossier-antisemitismus/504226/zionismus/.

143 **Ortag, Peter:** „Jüdische Kultur und Geschichte“, 2003, https://www.politische-bildung-brandenburg.de/juedische-kultur-und-geschichte.

144 **Welt am Sonntag:** „Die mit den Stühlen tanzen“, 7.12.2003, https://www.welt.de/print-wams/article103773/Die-mit-den-Stuehlen-tanzen.html.

145 **Jüdisches Museum Berlin:** „Welcome to Jerusalem“, o. D., https://www.jmberlin.de/ausstellung-welcome-to-jerusalem.

146 **Paganini, Simone:** „Jerusalem, die Heilige“, 6.4.2018, https://www.bpb.de/shop/zeitschriften/apuz/267335/jerusalem-die-heilige/.

147 **Jünger, Brigitte:** „Die eingebildeten Heiligen“, 23.8.2020, https://www.deutschlandfunkkultur.de/das-jerusalem-syndrom-die-eingebildeten-heiligen-100.html.

148 **Ben-Rafael, Eliezer:** „Der Kibbuz im Wandel“, 28.3.2008, https://www.bpb.de/themen/naher-mittlerer-osten/israel/45123/der-kibbutz-im-wandel/.

149 **Rürüp, Reinhard:** „Rezension: A. Barkai: Erlebtes und Gedachtes“, 16.12.2011, https://www.hsozkult.de/publicationreview/id/reb-16758.

150 **Feingold-Studnik, Shoshana:** Der Kibbuz im Wandel, Springer Fachmedien, 1. Auflage, 2002 (Wiesbaden).

151 **Jüdisches Leben Erfurt:** „Die hebräische Sprache“, o. D., https://juedisches-leben.erfurt.de/jl/de/mittelalter/handschriften/wissenswertes/118430.html.

152 **Lüdicke, Martina:** „Haben Juden eine eigene Sprache? Frage des Monats zur Ausstellung ‚Die ganze Wahrheit‘“, 2013, www.jmberlin.de/node/6257.

153 **Deutsche Botschaft in Tel Aviv:** „Leben und Arbeiten in Israel“, 4.12.2017, https://tel-aviv.diplo.de/il-de/service/-/1444828.

154 **Wünschmann, Kim:** „Palästina als Zufluchtsort der europäischen Juden bis 1945“, 16.9.2014, https://www.bpb.de/themen/holocaust/gerettete-geschichten/149158/palaestina-als-zufluchtsort-der-europaeischen-juden-bis-1945/.

155 **Schneider, Jan:** „Staatsangehörigkeit“, 1.6.2008, https://www.bpb.de/themen/migration-integration/laenderprofile/57638/staatsangehoerigkeit/.

156 **Arnu, Titus:** „Ostereier in Tomatensauce“, 7.4.2023, https://www.sueddeutsche.de/stil/shakshuka-rezept-einfach-1.5779311.

157 **Brown, Sydney Danielle:** „Shakshuka. Portfolio of history and culture, ethics, and technology“, 8.5.2021, https://storymaps.arcgis.com/stories/89b00c6386fb4d5eaf24519c370d88be.

158 **Franz, Tom:** So schmeckt Israel: Meine Lieblingsrezepte aus der israelischen Küche gewürzt mit einer Prise Heimat, 5. Auflage, 2021 (Aarau).

159 **Lintl, Peter und Wolf, Stefan:** „Israels Nationalstaatsgesetz – Die Regierung Netanyahus schafft Grundlagen für ein majoritäres System“, 2018, https://www.swp-berlin.org/publications/products/aktuell/2018A50_ltl_wlf.pdf.

160 **Brenner, Michael:** „Der Weg zum Staat“, 2.5.2023, https://www.bpb.de/system/files/dokument_pdf/APuZ_2023-18-19_online_0.pdf.

161 **Stern:** „Hamas, Gazastreifen, Intifada – die wichtigsten Begriffe im Nahostkonflikt: Glossar“, 1.11.2023, https://www.stern.de/politik/ausland/gazastreifen--hamas--fatah--die-wichtigsten-begriffe-im-nahostkonflikt-33906682.html.

162 **ZDF heute:** „Die wichtigsten Begriffe im Nahost-Konflikt“, 25.10.2023, https://www.zdf.de/nachrichten/politik/ausland/nahost-konflikt-israel-begriffe-faq-100.html.

163 **StudySmarter:** „Fatah“, o. D., https://www.studysmarter.de/schule/geschichte/nahostkonflikt/fatah/.

164 **Deutschlandfunk:** „Die Geschichte einer Radikalisierung: Hamas“, 12.12.2023, https://www.deutschlandfunk.de/hamas-gruendung-radikalisierung-100.html.

165 **Jüdische Allgemeine:** „So denken Palästinenser über die Hamas“, 13.12.2023, https://www.juedische-allgemeine.de/politik/so-denken-palaestinenser-im-gaza-streifen-und-im-westjordanland-ueber-die-hamas/.

166 **Cahanovitc, Oren:** „Israelische Geschichte in 10 Liedern“, o. D., https://www.travelingisrael.com/israelische-geschichte-liedern/.

167 **Tauber, Michèle:** „Die Musik in Israel“, o. D., https://www.iemj.org/de/les-musiques-en-israel/.

168 **Bundeszentrale für politische Bildung:** „UN-Teilungsplan für Palästina“, 29.11.2023, https://www.bpb.de/kurz-knapp/taegliche-dosis-politik/543189/un-teilungsplan-fuer-palaestina-1947/.

169 **Roth, Clare:** „Wer die Palästinensergebiete als Staat anerkennt", 8.11.2023, https://www.dw.com/de/von-welchen-ländern-werden-die-palästinensergebiete-als-staat-anerkannt/a-67319077.

170 **Tishby, Noa:** Israel. Der Faktencheck über das am meisten missverstandene Land der Welt, Übers. Thomas Görden, 2022 (Gütersloh).

171 **Startup Nation Central:** „2023 Annual Report. Israeli Tech Ecosystem", 15.1.2024, https://finder.startupnationcentral.org/reports/2023-Annual-Report.

172 **Senor, Dan und Singer, Saul:** Start-up Nation Israel: Was wir vom innovativsten Land der Welt lernen können, Übers. Stephan Gebauer, 2012 (München).

173 **Kaufmann, Lissy:** „Made in Israel", 14.12.2015, https://www.juedische-allgemeine.de/israel/made-in-israel-2/.

174 **Der Informationsdienst des Instituts der deutschen Wirtschaft:** „Tomaten und Technik made in Israel", 8.1.2018, https://www.iwd.de/artikel/tomaten-und-technik-made-in-israel-375641/.

175 **Flashstore:** „Wer hat den USB-Stick erfunden? – Vom Konzept zum fertigen Produkt", 10.1.2023, https://www.flashstore.de/aktuelles/wer-hat-den-usb-stick-erfunden-vom-konzept-zum-fertigen-produkt.

176 **Landeszentrale für politische Bildung Baden-Württemberg:** „Der Nahostkonflikt: Konfliktdimensionen, Friedensprozess und aktuelle Entwicklungen im israelisch-palästinensischen Konflikt", o. D., https://www.lpb-bw.de/nahostkonflikt.

177 **Tagesspiegel:** „Hat die Zweistaatenlösung noch eine Chance?", 8.2.2023, https://www.tagesspiegel.de/meinung/nahostkonflikt-zwischen-israelis-und-palastinensern-hat-die-zweistaatenlosung-uberhaupt-noch-eine-chance-9304175.html.

178 **Aruch, Oz:** „Die Zwei-Staaten-Lösung lebt. Um sie umzusetzen bedarf es jedoch anderer Wege, als den über Paris", 13.1.2017, https://www.boell.de/de/2017/01/13/die-zwei-staaten-loesung-lebt-um-sie-umzusetzen-bedarf-es-jedoch-anderer-wege-als-den.

179 **Bundeszentrale für politische Bildung:** „Osloer Abkommen als Meilensteine im Nahost-Friedensprozess", 23.9.2020, https://www.bpb.de/kurz-knapp/hintergrund-aktuell/275803/osloer-abkommen-als-meilensteine-im-nahost-friedensprozess/.

180 **Bewerunge, Michael:** „Nahost: Ein Traum in Trümmern", 13.9.2023, https://www.zdf.de/nachrichten/politik/ausland/oslo-friedensabkommen-israel-palaestinenser-30-jahre-100.html.

181 **Bundeszentrale für politische Bildung:** „Israelische Gesellschaft", o. D., https://www.bpb.de/veranstaltungen/reihen/studienreise/341321/israelische-gesellschaft/.

182 **Bundeszentrale für politische Bildung:** „Ungewöhnlich ist hier ganz normal: Stimmenvielfalt aus Israel", o. D., https://www.bpb.de/mediathek/reihen/stimmenvielfalt-aus-israel/.

183 **Generalkonsulat des Staates Israel in Neuengland:** „Gesellschaft: Minderheiten", o. D., https://embassies.gov.il/boston/AboutIsrael/People/Pages/GESELLSCHAFT-Minderheiten.aspx.

184 **Schneider, Gerd und Toyka-Seid, Christiane:** „Judentum", 2024, https://www.bpb.de/kurz-knapp/lexika/das-junge-politik-lexikon/320562/judentum/#:~:text=Das%20Judentum%20ist%20eine%20der,ist%20das%20Judentum%20die%20%C3%A4lteste.

185 **Bundeszentrale für politische Bildung:** „Zionismus", 2001, https://www.bpb.de/themen/antisemitismus/dossier-antisemitismus/504226/zionismus/.

186 **Stiftung gegen Rassismus und Antisemitismus:** „Zionismus", 2015, https://www.gra.ch/bildung/glossar/zionismus/.

187 **Anne Frank House:** „Sind alle Juden Zionisten?", o. D., https://www.annefrank.org/de/themen/antisemitismus/sind-alle-juden-zionisten/#:~:text=Zionismus%20bedeutet%20das%20Streben%20nach%20einem%20unabh%C3%A4ngigen%20j%C3%BCdischen%20Staat.

188 **Herzl, Theodor:** Der Judenstaat, Erstausgabe, 1896 (Leipzig und Wien).

189 **Bertsch, Matthias:** „Die Verabschiedung des UN-Teilungsplans für Palästina", 29.11.2017, https://www.deutschlandfunk.de/vor-70-jahren-die-verabschiedung-des-un-teilungsplans-fuer-100.html.

190 **Vereinte Nationen:** „Resolution der Generalversammlung. 181 (II) Die künftige Regierung Palästinas", 29.11.1947, https://www.un.org/depts/german/gv-early/ar181-ii.pdf.

191 **Landeszentrale für politische Bildung Baden-Württemberg:** „Die Geschichte Israels", 11/2023, https://www.lpb-bw.de/geschichte-israels#c98849.

192 **HistoryMaps:** „Geschichte Israels", o. D., https://history-maps.com/de/story/History-of-Israel.

193 **Wagner, Thomas:** „Israel", 9/2012, https://www.bibelwissenschaft.de/ressourcen/wibilex/altes-testament/israel-at.

194 **Bibelausstellung.de:** „Die Silberrollen von Ketef Hinnom", o. D., https://www.bibelausstellung.de/home/navi1030_1881_die-silberrollen-von-ketef-hinnom.

195 **Jüdische Allgemeine:** „2000 Jahre alte Mikwe in Gethsemane entdeckt", 22.12.2020, https://www.juedische-allgemeine.de/israel/2000-jahre-alte-mikwe-in-gethsemane-entdeckt/.

196 **Wolffsohn, Michael:** „Sind die Juden ein Volk, eine Religion oder eine Schicksalsgemeinschaft? Jüdische Genetik ist ein heikles Thema. Ein Plädoyer für Entspannung", 11.4.2022, https://www.nzz.ch/feuilleton/sind-die-juden-ein-volk-eine-religion-oder-nur-eine-schicksalsgemeinschaft-ld.1678189.

197 **Wewetzer, Hartmut:** „Abrahams Kinder: Studien offenbaren die gemeinsamen genetischen Wurzeln heute lebender Juden – und befeuern eine israelische Diskussion über jüdische Identität", 16.6.2010, https://www.tagesspiegel.de/wissen/abrahams-kinder-6754525.html.

198 **Phalnikar, Sonia und Latschan, Thomas:** „Was genau bedeutet eigentlich Völkermord?", 30.10.2023, https://www.dw.com/de/was-genau-bedeutet-eigentlich-völkermord/a-61491398.

199 **Taz – die Tageszeitung:** „Anklage mit Agenda: Südafrikas Klage gegen Israel", 11.1.2024, https://taz.de/Suedafrikas-Klage-gegen-Israel/!5982573/.

200 **RedaktionsNetzwerk Deutschland (rnd):** „‚Schlicht ekelhaft': Scharfe Kritik nach antiisraelischen Statements bei Berlinale-Gala", 26.2.2024, https://www.rnd.de/kultur/berlinale-antiisraelische-statements-sorgt-fuer-kritik-hamas-terror-blieb-aussen-vor-JVIQDDZWSVO67GNQOHK3UPEK7Y.html.

201 **Rosert, Elvira:** „Wie die Hamas gegen das Völkerrecht verstößt", 3.11.2023, https://www.derstandard.at/story/3000000193738/wie-die-hamas-gegen-das-v246lkerrecht-verst246223t.

202 **Bundesverband RIAS e. V.:** „Antisemitische Reaktionen auf den 7. Oktober: Monitoring", 28.11.2023, https://report-antisemitism.de/documents/2023-11-28_antisemitische_reaktionen_in_deutschland_auf_die_hamas-massaker_in_israel_2.pdf.

203 **Reveland, Carla:** „‚Vom Opfer zum Täter gemacht': Desinformationen zu Israel", 28.11.2023, https://www.tagesschau.de/faktenfinder/kontext/antiisraelische-narrative-100.html.

204 **Bundeszentrale für politische Bildung:** „Rechte Mehrheit bei Wahl in Israel", 4.11.2022, https://www.bpb.de/kurz-knapp/hintergrund-aktuell/514808/rechte-mehrheit-bei-wahl-in-israel/.

205 **Grill, Tobias und Wolffsohn, Michael:** „Politisches System und Parteien", 28.5.2018, https://www.bpb.de/shop/zeitschriften/izpb/israel-336/268903/politisches-system-und-parteien/.

206 **ZDF heute:** „Israel nennt Details zu UNRWA Mitarbeitern", 31.1.2023, https://www.zdf.de/nachrichten/politik/ausland/unrwa-mitarbeiter-massaker-israel-100.html.

207 **European Commission:** „The Commission finalises the review of EU aid to Palestine", 21.11.2023, https://ec.europa.eu/commission/presscorner/detail/de/ip_23_5941.

208 **Willinger, Katharina:** „Iran wirft Schlüsselspieler raus", 10.8.2017, https://www.deutschlandfunk.de/nach-fussballspiel-gegen-israel-iran-wirft-100.html.

209 **Hunke, Robert:** „Israels sportliches Asyl in Europa", 11.6.2011, https://www.deutschlandfunk.de/israels-sportliches-asyl-in-europa-100.html#:~:text=Dennoch%3A%20sportpolitisch%20ist%20Israel%20mittlerweile,anderen%20Sportarten%20einfach%20europ%C3%A4isch%20mit.

210 **ZDF:** „Wieso Israel bei der EM dabei ist", 20.8.2022, https://www.zdf.de/kinder/logo/israel-european-championchips-einfach-erklaert-100.html.

211 **Seppelt, Hajo und Winterfeldt, Jörg:** „Iranischer Revolutionsführer fordert Sportwelt zum Israel-Boykott auf", 7.10.2021, https://www.sportschau.de/olympia/khamenai-israel-boykott-sp-100.html.

212 **Gierke, Sebastian:** „Wenn aus Gegnern Feinde werden", 27.7.2021, https://www.sueddeutsche.de/politik/olympia-israel-iran-1.5364155.

213 **Wright, Lawrence:** Dreizehn Tage im September – Das diplomatische Meisterstück von Camp David, Übers. Susanne Aeckerle, 2016 (Darmstadt).

214 **Generalkonsulat des Staates Israel:** „Israel und die arabische Welt", o. D., https://embassies.gov.il/munchen/AboutIsrael/the-middle-east/Pages/Beziehungen-zur-arabischen-Welt.aspx#:~:text=Seit%201994%20schlossen%20sich%20drei,diplomatische%20Beziehungen%20zu%20Israel%20aufnahmen.

215 **Berman, Lazar:** „Bahrain said recalling ambassador to Israel, halting economic ties", 2.11.2023, https://www.timesofisrael.com/liveblog_entry/bahrain-said-recalling-ambassador-to-israel-halting-economic-ties/.

216 **Magid, Jacob:** „Jordan recalls its ambassador to Israel in protest of war in Gaza", 1.11.2023, https://www.timesofisrael.com/liveblog_entry/jordan-recalls-its-ambassador-to-israel-in-protest-of-war-in-gaza/.

217 **Dautzenberg, Hannah:** „Hebräisch lernen: Das solltest du vorher wissen!", 13.6.2022, https://www.unicum.de/sprachen-lernen/hebraeisch-lernen.

218 **Sperling, Katrin:** „Hebräisch – die jahrtausendealte, wiederbelebte Sprache: Warum ist diese jahrtausende alte Sprache eigentlich so besonders?“, 27.3.2020, https://de.babbel.com/de/magazine/hebraeisch.

219 **GRA Stiftung gegen Rassismus und Antisemitismus:** „Jiddisch/Jiddeln“, 2019, https://www.gra.ch/bildung/glossar/jiddisch-%E2%80%92-jiddeln/.

220 **Sanderson, Sertan:** „Jiddisch: Eine Sprache liegt im Trend“, 24.5.2020, https://www.dw.com/de/jiddisch-eine-sprache-der-lebensfreude/a-53495375.

221 **Spiegel Online:** „Klagemauer“, 23.1.2009, https://www.spiegel.de/fotostrecke/jerusalem-klagemauer-fotostrecke-39122.html.

222 **SKR Reisen:** „Klagemauer“, o. D., https://www.skr.de/israel-reisen/sehenswuerdigkeiten/klagemauer/.

223 **IsraelMagazin:** „Klagemauer. Kotel/Westliche Mauer/ha'ma'arawi“, o. D., https://www.israelmagazin.de/israel-orte/jerusalem/altstadt/klagemauer.

224 **Beauftragter der Bundesregierung für jüdisches Leben und den Kampf gegen Antisemitismus:** „3D-Regel“, o. D., https://www.antisemitismusbeauftragter.de/Webs/BAS/DE/bekaempfung-antisemitismus/was-ist-antisemitismus/3d-regel/3d-regel-node.html.

225 **Stiegler, Alina:** „Wann ist ‚Israel-Kritik‘ antisemitisch?“, 27.1.2019, https://www.tagesschau.de/faktenfinder/israelkritik-antisemitismus-101.html.

226 **Jüdische Allgemeine:** „Duden ändert nach Kritik Hinweis zum Wort ‚Jude‘“, 15.2.2022, https://www.juedische-allgemeine.de/kultur/duden-aendert-nach-kritik-hinweis-zum-wort-jude/.

227 **Rosbach, Jens:** „Darf man eigentliche Jude sagen?“, 11.12.2015, https://www.deutschlandfunkkultur.de/juedische-identitaet-darf-man-eigentlich-jude-sagen-100.html.

228 **Amadeu Antonio Stiftung:** „Antisemitismus einfach erklärt: Einfache Antworten auf grundlegende Fragen“, 2022, https://www.amadeu-antonio-stiftung.de/wp-content/uploads/2022/10/antisemitismus-einfach-erklaert.pdf.

229 **Stiftung gegen Rassismus und Antisemitismus:** „Was ist Antisemitismus?“, 2019, https://www.gra.ch/antisemitismus/was-ist-antisemitismus/.

230 **Hildmann, Philipp W.:** „Aktuelle Erscheinungsformen des Antisemitismus“, 5/2021, https://www.hss.de/publikationen/aktuelle-erscheinungsformen-des-antisemitismus-pub1837/.

231 **Lobo, Sascha:** „Antisemitismus erkennen für Anfänger“, 1.2.2024, https://www.spiegel.de/netzwelt/antisemitismus-erkennen-fuer-anfaenger-

wie-man-hass-gegen-juden-enttarnt-a-7752e35c-52df-4646-9222-bfcd206040ed.

232 **Sharansky, Natan:** „3D Test of Anti-Semitism: Demonization, Double Standards, Delegitimization", 2004, https://www.jcpa.org/phas/phas-sharansky-f04.htm.

233 **Bundesministerium für Familie, Senioren, Frauen und Jugend:** „Im Spannungsfeld von Antisemitismus und Rassismus", 12/2023, https://www.demokratie-leben.de/magazin/magazin-details/im-spannungsfeld-von-antisemitismus-und-rassismus-209.

234 **Bildungsstätte Anne Frank:** „Antisemitismus und Rassismus: Unterrichtsimpulse", o. D., https://www.bs-anne-frank.de/fileadmin/content/Publikationen/Weiteres_Pädagogisches_Material/FAZ_BS_Rassismus_Antisemitismus.pdf.

235 **Harig, Jan:** „Rassismus und Antisemitismus", o. D., https://www.anders-denken.info/informieren/rassismus-und-antisemitismus.

236 **Hänel, Lisa:** „Weißsein und jüdische Identität", 1.11.2021, https://internationalepolitik.de/de/weiss-sein-und-juedische-identitaet.

237 **Bergmann, Werner:** „Antisemitismus", 13.1.2006, https://www.bpb.de/shop/zeitschriften/izpb/vorurteile-271/9714/antisemitismus/.

238 **Gesellschaft für Christlich-Jüdische Zusammenarbeit e. V.:** „Vorurteile abbauen – Mauern niederreißen", o. D., https://www.politische-bildung.nrw.de/fileadmin/imperia/md/content/e-books/Vorurteile-abbauen_Mauern-niederreissen_de.pdf.

239 **GRA Stiftung gegen Rassismus und Antisemitismus:** „Auserwähltes Volk", 2015, https://www.gra.ch/bildung/glossar/auserwaehltes-volk/.

240 **Rabbiner Dubov, Nissan Dovid:** „Das auserwählte Volk – wofür ist es auserwählt?", o. D., https://de.chabad.org/library/article_cdo/aid/691900/jewish/Das-auserwhlte-Volk.htm.

241 **Rosbach, Jens:** „Fluch oder Segen?", 2.4.2010, https://www.deutschlandfunkkultur.de/fluch-oder-segen-112.html.

242 **Fachstelle für Internationale Jugendarbeit der Bundesrepublik Deutschland e. V.:** „Botschaften des Judentums", o. D., https://ijab.de/angebote-fuer-die-praxis/toolbox-religion/basisinformationen/judentum/botschaften-des-judentums.

243 **Amadeu Antonio Stiftung:** „Araber sind auch Semiten", o. D., https://nichts-gegen-juden.de/araber-sind-auch-semiten/.

244 **Jewish Virtual Library:** „Myths & Facts: Deutsch", o. D., https://www.jewishvirtuallibrary.org/myths-and-facts-deutsch-17?utm_content=cmp-true.

245 **Laudage, Christiane und Renzikowski, Christoph**: „Hat Precht recht? Faktencheck über jüdische Berufs- und Arbeitsverbote“, 17.10.2023, https://www.domradio.de/artikel/faktencheck-ueber-juedische-berufs-und-arbeitsverbote.

246 **KLEZMER Yiddish Swing Music – Kulturverein KUBIK:** „Lachen“, o. D., https://www.klezmer.at/jiddisches-juedisches/.

247 **Stiftung gegen Rassismus und Antisemitismus:** „George Soros“, 2021, https://www.gra.ch/bildung/glossar/georgesoros/.

248 **Schlagwein, Felix:** „Wie George Soros zum Feindbild wurde“, 27.5.2020, https://www.dw.com/de/wie-george-soros-zum-feindbild-wurde/a-53572731.

249 **Europäische Kommission:** „Fragen und Antworten: Strategie der EU zur Bekämpfung von Antisemitismus und jüdischen Lebens?“, 5.10.2021, https://ec.europa.eu/commission/presscorner/detail/de/qanda_21_4991.

250 **Schweizerischer Israelitischer Gemeindebund SIG:** „IHRA-Antisemitismusdefinition“, o. D., https://swissjews.ch/de/themen/antisemitismus/ihra/.

251 **Auswärtiges Amt:** „Bundesregierung unterstützt internationale Arbeitsdefinition von Antisemitismus“, 22.9.2017, https://www.auswaertiges-amt.de/de/aussenpolitik/kultur-und-gesellschaft/-/216610.

252 **Intrator, Joanne und Buser, Verena:** „Der ‚Judenstern‘“, 26.10.2021, https://www.bpb.de/themen/zeit-kulturgeschichte/geteilte-geschichte/342565/der-judenstern/.

253 **Zentralrat der Juden in Deutschland:** „Symbole“, o. D., https://www.zentralratderjuden.de/judentum/symbole/.

254 **Kellerhoff, Sven Felix:** „Aus Profilsucht erfand Heydrich den Judenstern“, 18.2.2022, https://www.welt.de/geschichte/zweiter-weltkrieg/article121838619/Antisemitismus-Aus-Profilsucht-erfand-Reinhard-Heydrich-den-Judenstern.html.

255 **Geiger, W.**: „Koexistenz und Konfrontation zwischen Christen und Juden in der mittelalterlichen Stadt“, 15.8.2010, https://juedischegeschichte.de/html/mittelalter4.html.

256 **Gernetz, Dovid:** „Macht der Klänge“, 1.7.2022, https://www.juedische-allgemeine.de/religion/macht-der-klaenge/.

257 **Roten, Hervé:** „Die Klezmer: Musik von gestern und heute“, o. D., https://www.iemj.org/de/le-klezmer-musique-dhier-et-daujourdhui/.

258 **Auswärtiges Amt:** „Erklärungen des Auswärtigen Amts in der Regierungspressekonferenz vom 02.02.2022“, 2.2.2022, https://www.auswaertiges-amt.de/de/newsroom/regierungspressekonferenz/2509862.

259 **Deutscher Bundestag:** „Zum Vorwurf der Apartheid-Politik Israels in den palästinensischen Gebieten“, 17.4.2023, https://www.bundestag.de/resource/blob/954330/247c6af71ac518f7ba17fff2d87816e0/WD-2-031-23-pdf-data.pdf.

260 **Seibert, Steffen:** 2.2.2022, https://twitter.com/GerAmbTLV/status/1488959559255437320.

261 **Zentralrat der Juden in Deutschland:** „Factsheet zum Problem der Altersarmut unter jüdischen Zuwanderer:innen“, 2022, https://zwst.org/sites/default/files/2022-01/Factsheet%20zum%20Problem%20der%20Altersarmut%20unter%20j%C3%BCdischen%20Zuwandererinnen%20%282%29.pdf.

262 **König, Julia:** „Judenfeindschaft von der Antike bis zur Neuzeit“, 23.11.2006, https://www.bpb.de/themen/antisemitismus/dossier-antisemitismus/37951/judenfeindschaft-von-der-antike-bis-zur-neuzeit/.

263 **Kreuzberger Initiative gegen Antisemitismus KIgA e. V.:** „Judenfeindschaft in der Antike und im Mittelalter“, o. D., https://www.anders-denken.info/informieren/judenfeindschaft-der-antike-und-im-mittelalter.

264 **Geiger, Wolfgang:** „‚Geldjuden‘ – Die Grundlagen eines universellen Vorurteils vom Mittelalter bis heute“, 2019, https://www.vielfalt-mediathek.de/wp-content/uploads/2020/12/kiga_widerspruchstoleranz3_vielfalt_mediathek.pdf.

265 **Hessischer Jugendring:** „Alle Juden sind reich?“, o. D., https://antisemitismus.wtf/reiche-juden/.

266 **Shakir, Omar:** „Berlin verbietet Demonstrationen zum Nakba-Tag“, 16.1.2024, https://www.hrw.org/de/news/2022/05/25/berlin-verbietet-demonstrationen-zum-nakba-tag.

267 **Taz – die Tageszeitung:** „Verbot von Nakba-Demonstrationen – Palästinenser im Visier“, o. D., https://taz.de/Verbot-von-Nakba-Demonstrationen/!5931686.

268 **König, Julia:** „Judenfeindschaft von der Antike bis zur Neuzeit“, 23.11.2006, https://www.bpb.de/themen/antisemitismus/dossier-antisemitismus/37951/judenfeindschaft-von-der-antike-bis-zur-neuzeit/.

269 **Bergmann, Werner:** „Antisemitismus“, 13.1.2006, https://www.bpb.de/shop/zeitschriften/izpb/vorurteile-271/9714/antisemitismus/.

270 **Benz, Wolfgang:** „Antisemitismus im 19. und 20. Jahrhundert“, 27.11.2006, https://www.bpb.de/themen/antisemitismus/dossier-antisemitismus/37948/antisemitismus-im-19-und-20-jahrhundert/.

271 **Niemetz, Daniel:** „Gebraucht und verfolgt – Juden im Mittelalter“, o. D., https://www.mdr.de/geschichte/weitere-epochen/mittelalter/juden-im-mittelalter-100.html.

272 **Felsch, Maximilian:** „Die Beziehungen zwischen Israelis und Palästinensern“, 28.5.2018, https://www.bpb.de/shop/zeitschriften/izpb/israel-336/268894/die-beziehungen-zwischen-israelis-und-palaestinensern/.

273 **Schneider, Richard C.:** Alltag im Ausnahmezustand – Mein Blick auf Israel, 1. Auflage, 2018 (München).

274 **Abdi, Muhammed und Leber, Sebastian:** „Skandalstudie zu palästinensischen Schulbüchern – Hass, der den UNESCO-Richtlinien entspricht“, 18.6.2021, https://www.tagesspiegel.de/gesellschaft/hass-der-den-unesco-richtlinien-entspricht-4258360.html.

275 **Deutschlandfunk:** „Mehr Vorurteile, mehr Gewalt und wachsende Angst: Antisemitismus in Deutschland“, 8.11.2023, https://www.deutschlandfunk.de/antisemitismus-102.html.

276 **Wolfskämpf, Vera:** „Antisemitismus in Deutschland nimmt zu“, 25.1.2024, https://www.tagesschau.de/inland/gesellschaft/antisemitismus-straftaten-102.html.

277 **Schneider, Sebastian:** „Antisemitische Vorfälle in Berlin erreichen Höchststand“, 28.11.2023, https://www.rbb24.de/politik/beitrag/2023/11/antisemitismus-judenfeindliche-uebergriffe-beratungsstelle-rias-berlin-neuer-hoechststand.html.

278 **Tikhomirova, Anastasia:** „‚Die Angst packte mich. Ich log: Ich bin doch nicht mal jüdisch‘“, 15.1.2024, https://www.zeit.de/gesellschaft/2024-01/antisemitischer-angriff-neukoelln-berlin-straftat.

279 **Büttenbender, Tilman:** „Versuchter Brandanschlag auf jüdische Gemeinde“, 18.10.2023, https://www.tagesschau.de/inland/innenpolitik/berlin-brandanschlag-juedische-gemeinde-100.html.

280 **ZDF heute:** „‚Eine Frage der Zeit, bis ich Deutschland verlasse‘“, 11.11.2023, https://www.zdf.de/nachrichten/politik/ausland/juden-deutschland-sicherheit-israel-100.html.

281 **Deutsche Welle:** „Die Documenta 15 wollte in diesem Jahr mit einem Kuratorenkollektiv ein Zeichen für Gemeinschaft und Toleranz setzen. Doch stattdessen wurde die Kunstausstellung von einem Antisemitismusskandal erschüttert“, 16.9.2022, https://www.dw.com/de/antisemitismus-wie-es-zum-größten-skandal-der-documenta-kam/a-63137650.

282 **Thiele, Ulrich:** „Das Werk ist immer klüger als sein Autor", 26.6.2022, https://www.cicero.de/kultur/antisemitismus-documenta-15-taring-padi-kassel-diskriminierung-indonesien-postkolonialonialismus.

283 **Deutscher Bundestag:** „Bundestag verurteilt Boykottaufrufe gegen Israel: Auswärtiges", 17.5.2019, https://www.bundestag.de/dokumente/textarchiv/2019/kw20-de-bds-642892.

284 **Timm, Tobias:** „Wo bleibt die Kontrolle? Ein neues Gutachten warnt vor Einmischungen in die Kunstfreiheit", 10.11.2022, https://www.zeit.de/2022/46/documenta-fifteen-kunstfreiheit-antisemitismus-foerderung.

285 **Berins, Lisa:** „‚Mehr Diversität, Teilhabe und Nachhaltigkeit ermöglichen': Roth im Interview", 12.12.2022, https://www.bundesregierung.de/breg-de/bundesregierung/-mehr-diversitaet-teilhabe-und-nachhaltigkeit-ermoeglichen--2153012.

286 **Hasselmann, Donata:** „Antisemitismus unter Muslimen und Menschen mit Migrationshintergrund", 19.4.2023, https://mediendienst-integration.de/artikel/antisemitismus-unter-muslimen-und-menschen-mit-migrationshintergrund.html.

287 **Bundesverband RIAS e. V.:** „Antisemitische Vorfälle in Deutschland 2022", 18.6.2023, https://report-antisemitism.de/documents/Antisemitische_Vorfaelle_in_Deutschland_Jahresbericht_RIAS_Bund_2022.pdf.

288 **Deutschlandfunk Kultur:** „Der Verschwörungsmythos der ‚Protokolle der Weisen von Zion': 100 Jahre politischer Mord in Deutschland", 26.1.2022, https://www.deutschlandfunkkultur.de/100-jahre-politischer-mord-in-deutschland-102.html.

289 **Zechner, Johannes:** „Die ‚Protokolle der Weisen von Zion'", 25.6.2015, https://www.dhm.de/lemo/kapitel/weimarer-republik/antisemitismus/protokolle-der-weisen-von-zion.html.

290 **Herzinger, Richard:** „Die Protokolle der Weisen von Zion", 25.8.1998, https://www.deutschlandfunk.de/die-protokolle-der-weisen-von-zion-100.html.

291 **Friedrich-Naumann-Stiftung für die Freiheit:** „Antisemitismus: Weisen von Zion", 21.12.2023, https://www.freiheit.org/de/deutschland/die-protokolle-der-weisen-von-zion-als-rechtfertigung-fuer-judenhass.

292 **Rath, Christian:** „Warum nicht alle pro-palästinensischen Kundgebungen verboten werden", 23.10.2023, https://vorwaerts.de/inland/warum-nicht-alle-pro-palastinensischen-kundgebungen-verboten-werden.

293 **Beauftragter der Bundesregierung für jüdisches Leben und den Kampf gegen Antisemitismus:** „3D-Regel“, o. D., https://www.antisemitismusbeauftragter.de/Webs/BAS/DE/bekaempfung-antisemitismus/was-ist-antisemitismus/3d-regel/3d-regel-node.html.

294 **Mendel, Meron:** „Wie geht Solidarität mit Palästinenser*innen ohne Antisemitismus?“, 3.11.2023, https://www.instagram.com/p/CzLn-gsLCwb/?img_index=2.

295 **Butter, Michael:** „Antisemitische Verschwörungstheorien in Geschichte und Gegenwart“, 26.11.2020, https://www.bpb.de/themen/antisemitismus/dossier-antisemitismus/321665/antisemitische-verschwoerungstheorien-in-geschichte-und-gegenwart/.

296 **Luba, Arkadiusz:** „Die fürchterlichen Folgen der Ritualmordlegende“, 6.7.2018, https://www.deutschlandfunkkultur.de/antisemitische-fake-news-die-fuerchterlichen-folgen-der-100.html.

297 **Verwaltungsgerichtshof Kassel:** „Beschwerde der Stadt Frankfurt am Main teilweise erfolgreich“, 2.12.2023, https://verwaltungsgerichtsbarkeit.hessen.de/presse/beschwerde-der-stadt-frankfurt-am-main-teilweise-erfolreich.

298 **Amadeu Antonio Stiftung:** „Das können Sie gegen Antisemitismus tun“, 2023, https://www.amadeu-antonio-stiftung.de/antisemitismus/was-kann-ich-gegen-antisemitismus-tun/.

299 **Bundeszentrale für politische Bildung:** „Was tun? – Antisemitismus begegnen“, 2014, https://www.politische-bildung-brandenburg.de/themen/antisemitismus/was-tun-0.

300 **Kreuzberger Initiative gegen Antisemitismus KIgA e. V.**: „Erkennen Sie Antisemitismus im Alltag – Und wissen Sie, wie Sie reagieren könnten?“, 2023, https://www.stopantisemitismus.de/.

301 **Polizeiliche Kriminalprävention der Länder und des Bundes:** „5 Tipps für Zivilcourage bei Antisemitismus“, 2023, https://www.zivile-helden.de/antisemitismus/5-tipps-fuer-zivilcourage-bei-antisemitismus.

302 **Bundesverband der Recherche- und Informationsstellen Antisemitismus e. V.:** „Vorfälle melden und Erfahrung teilen!“, 2024, https://report-antisemitism.de.